Wolfgang Kaufmann
Wie ich Vogeler wiederfand

Wer sich nicht im Uferlosen verlieren will, muß sich Grenzen setzen. Diese Maxime hat mit besonderem Augenmaß der Sammler zu beherzigen. Sein Erfolg wird einerseits begrenzt durch materielle Mittel und Talent, zum anderen durch eine seinem Sammelgebiet inhärente Logik, durch die sich eine Sammlung von einer Anzahl von Objekten unterscheidet. Durch diese folgerichtige Verknüpfung bekommt jedes Stück innerhalb einer Kunstsammlung seine wissenschaftliche und ästhetische Funktion und erhebt das ganze zum Gesamtkunstwerk.

Wenn ein Sammler jedoch eine falsche oder schlechte Auswahl trifft, weil sich ihm bessere Objekte nicht anbieten oder ihm die historischen oder entwicklungsgeschichtlichen Zusammenhänge nicht hinlänglich bekannt gewesen sind, wenn ihm das Gefühl für ästhetische Wirkung abgeht oder er kein Ohr für den Rhythmus von These und Antithese hat, kein Gespür für das Hoch und Tief produktiver Stimmungen, keine Ahnung von dem zermürbenden Kampf im schöpferischen Prozeß, dann kann er das Gegenteil von dem bewirken, was er aufrichtig angestrebt hat. So ist es das erste Gebot für einen Sammler, selbstkritisch zu Werke zu gehen und ein klares Ziel vor Augen zu haben.
Andererseits müssen in einer Sammlung diese Grenzen großzügig genug gezogen sein, damit der logisch bestimmte Stoff umfassend dokumentiert ist und behandelte Aspekte ausreichend Beweiskraft haben.
Ich selbst nahm diese Vorbehalte nicht sonderlich ernst, hatte ich aus meinem Elternhaus doch eine festgefügte Sammlung mit einem unmißverständlich vorgegebenen

Stoff und hervor-ragenden Beispielen zu diesem übernommen, die „Alten Worpsweder Meister". Damit war thematisch, zeitlich und topographisch eine klare Abgrenzung vorgegeben, und es bot bestenfalls noch die Überlegung Diskussionsstoff, ob man Krummacher oder Bertelsmann zur Gründergeneration zählen oder ob man die alten Worpsweder mit Mackensen beginnen und mit Paula Modersohn-Becker abschließen sollte.
Was die Einzelschicksale der ersten Malergeneration angeht, so war es längst Sprachgebrauch geworden, das jeweilige Gesamtwerk Worpswede zuzuschlagen, auch wenn Overbeck oder Modersohn die Künstlerkolonie schon früh verlassen hatten. Sie blieben trotz des neuen Domizils in Vegesack oder Fischerhude Worpsweder, denn der neue Wohnsitz bedeutete ja kaum einen Landschafts- oder Milieuwechsel und hatte keinen gravierenden Wandel ihrer künstlerischen Produktion zur Folge. Lediglich Heinrich Vogeler machte da eine Ausnahme, weil sein Bruch mit dem ‚Weltdorf' Konsequenz eines bewußten familiären, politischen und künstlerischen Sinneswandels war. Gerade um neu zu beginnen, verließ er ja die Künstlerkolonie und wandte sich einem anderen Kulturkreis zu. Daher endete mein Interesse an diesem bedeutenden Worpsweder Jugendstilkünstler mit dessen Übersiedlung in die Sowjet-Union.
Zwar füllte ich auch in der Darstellung der Werke Vogelers Lücken aus, wenn sich dazu eine Gelegenheit bot. Aber diese deckten stets sein Worpsweder Schaffen ab. Die Erscheinung des in einer romantischen Traumwelt lebenden jungen Phantasten, der seine Märchen in unsere Landschaft projizierte, oder die Rolle des arrivierten Künstlers mit großbürgerlichen, wenn nicht gar pseudo-aristokratischen Allüren, der als

Heinrich Vogelers Reiseskizzen-Album

Usbekistan
Kaukasus
Karelien
Aserbaidschan

der Sammlung Bernhard Kaufmann · Stade

„Wenn Vater von einer seiner Reisen durch das große Land mit Hunderten von Skizzen und Entwürfen zurückgekehrt war, pflegte er oft auf unserer kleinen ‚Datscha' bei Moskau zu arbeiten und in den Pausen von seinen Erlebnissen, von interessanten Menschen, die er dabei kennenlernte, zu erzählen. Wie seine Zeichnungen, so war sein Bericht: klar, einfach, aber bildreich und lebhaft, so daß das Besondere der Leute und Dinge sich mir sofort eindrucksvoll einprägte."

Jan Vogeler [1])

Gestaltung: Wolf-Dietmar Stock
Satz: M. Simmering, Lilienthal
Druck: Girzig & Gottschalk, Bremen
ISBN 3-88 132-403-8

Jan Vogeler · Grußwort

Mein Vater berichtete mir von seinen Reisen durch Zentralasien, Karelien und den Kaukasus in Form von kleinen, postkartengroßen Aquarellen oder Farbstiftzeichnungen. Die eine oder andere Farbkarte schickte er mir sogar in einem Briefumschlag – gewissermaßen als Gruß von einer seiner Zwischenstationen. Ich war beglückt über diese intime und spontane Art des Berichts von irgendeiner seiner vielen Reisen. Er enthielt in Kürze alles, was mich als Kind interessierte: Einen Bericht von der Landschaft, ihrer Geographie und atmosphärischen Stimmung und meist auch ein persönliches Erlebnis, das Vater und Mutter auf der Reise hatten. Vater verstand es, seine Erlebnisse kurz und anekdotisch aufzuzeichnen, in dem beiliegenden Briefchen wurde das Gezeichnete noch etwas erläutert. Ich habe damals nie daran gedacht, daß diese kleinen, farbigen Grüße Kunstwerke seien, sondern sie als persönliche Grußmitteilung an mich, seinen zu Hause gebliebenen Sohn, in der Sprache des Malers verstanden.
In anderen Ländern wären diese Art Grußkarten heutzutage leicht durch gekaufte Postkarten zu ersetzen gewesen. Zu jener Zeit gab es jedoch solche Karten von den Landstrichen, die mein Vater aufsuchte, kaum.
Ich habe diese Karten, die Vater mir von seinen Reisen schickte, gehütet wie einen persönlichen Schatz. Vater hatte sie chronologisch geordnet und in ein Album eingeklebt und Beschriftungen in Deckweiß hinzugefügt. Auf dem ersten Blatt fügte er – als Widmung für das gesamte Album gedacht – hinzu: „für Janek“. Das war der Kosename meiner Eltern für mich.
Dann erzählte er im Zusammenhang noch einmal seine Reise und die Mappe lief dabei

wie ein Farbfilm vor mir ab. Den Anfang bildete eine Zeichnung von den Kirchen im Kreml, dem mir bekannten Blick aus dem Arsenal, wo meine Großmutter Marchlewskaja wohnte, die mich in Obhut nahm, während Vater und Mutter auf Reisen gingen.

Ohne jeden Zweifel war das Reisen für meinen Vater mehr als ein persönliches Hobby und alles andere als eine Luxus- oder Erholungsreise. Dagegen sprechen schon die spartanischen Bedingungen, denen er und meine Mutter sich unterwarfen. Es waren Erkundungsreisen des für ihn neuen Landes, seiner Geschichte und der Geschichte seines Aufbaus. Die optischen Eindrücke, die er sammelte, waren Bausteine für ein Werk, das ihm deutlich vorschwebte und das er begonnen hatte, in einigen Entwürfen zu Komplexbildern in die Tat umzusetzen.

Mit Erfahrungen der Verfolgung einer sich politisch engagierenden Kunst ausstaffiert, hatte Heinrich Vogeler in Berlin die ASSO mitbegründet (1928), in der deutliche Ziele einer politisch und gesellschaftlich am Fortschritt der Gesellschaft partizipierenden Kunst formuliert worden waren. Zwar hatte die Kunst in der Sowjetunion für Heinrich Vogeler nicht mehr den gesellschaftlichen Charakter wie vorher, doch war für ihn Kunst seit 1919 stets politischer Auftrag mithin. Seine Komplexbilder, in der bekannten Form nur als Vorentwürfe von ihm verstanden zu großen monumentalen Ausschmückungen an und in öffentlichen Gebäuden, wie etwa Kirchenbemalungen in der säkularisierten Gesellschaft des entstehenden Sozialismus, sollten die Sowjetbürger in den Prozeß der raschen Entwicklung vom Agrar- zum Industriestaat an ihre Herkunft erinnern, an die Entstehung der neuen Gesellschaft, ihre Kämpfe, und auf diese Weise ein Bild der

Besinnung schaffen, das auch Analphabeten verständlich sein könnte.
Mir scheint, daß mein Vater unabhängig von seinen weitergehenden künstlerischen Zielen seine ganz eigene Welt und Sprache bewahrt hat. Die kleinen Reisepostkarten, die er mir schickte oder die er mitbrachte, waren mehr als nur Materialsammlungen. In ihnen ist die Ursprünglichkeit des Malers, der mit seinen Augen und Sinnen eine unbekannte Welt berührt.
Wohin gehören diese Kleinode von Reiseskizzen eines deutschen Künstlers, der in der Sowjetunion de facto zum Emigranten wurde, kunsthistorisch? Ich weiß es nicht. Für den Vogeler-Freund in Ost und West werden diese Skizzen eine Überraschung und Bereicherung des Wissens um Heinrich Vogeler sein, dessen Schaffen aus der Zeit der 20 – 30 Jahre zu seinem Tod durch Krankheit im Jahre 1942 mit seinen Entwürfen zu Komplexbildern, Portraits, Landschaftsstudien und antifaschistischen Flugblättern nicht hinreichend beschrieben ist.
Der Wallenhorster Kunstwissenschaftler Werner Hohmann hat sich nach einleitenden Erläuterungen zu den einzelnen Reisen damit beschäftigt, aus dem schriftlichen Nachlaß meines Vaters, meiner Mutter und anderer, Texte auszuwählen, die zu den einzelnen Bildern passen. Ich vertraue mich seiner Forschung gerne an, da er Material liefert, das ich heute aus dem Gedächtnis nicht mehr in dieser Ausführlichkeit zustande brächte.
Wir sind davon überzeugt, daß wir Vogeler-Freunden mit diesen Skizzen eine Überraschung bieten, eine nicht unwesentliche Erweiterung des Schaffensbildes während der Zeit in der Sowjetunion.

Die erste kunstgeschichtliche Entdeckung dieses Albums mit Reiseskizzen geht weit

zurück in das Jahr 1951, als der deutsche Arzt und Dramatiker, Friedrich Wolf, ein Freund meines Vaters aus den Jahren der Barkenhoff-Kommune, das Album bei meiner Mutter in Warschau sah und spontan seine Herausgabe in einem DDR-Verlag versprach. Damals arbeitete Erich Weinert bereits an der Herausgabe der „Erinnerungen" meines Vaters im Verlag Rütten & Loening.
Beide Publikationen zur gleichen Zeit erschienen dem Bearbeiter des schriftstellerischen Nachlasses und den Verlagen als zuviel und man einigte sich, einen Teil der Reiseskizzen als Beitrag zu den „Erinnerungen" erscheinen zu lassen. Vier der insgesamt 35 Skizzen sind in dem 1952 erschienenen Buch veröffentlicht. Dann war das Album verschwunden.
Zu danken habe ich dem Kunstsammler Herrn Dr. Wolfgang Kaufmann, der die Mappe dem Verlag Atelier im Bauernhaus zur Veröffentlichung überließ. Beiden zusammen ist die Rückführung in meines Vaters Heimat zu danken.

Moskau, 7. März 1991

König Heinrich gastlich auf seinem Barkenhoff residierte, mochten für Worpswede gelten, nicht aber der Habitus weltverbesserlichen Proletkults.
So hatte ich erst im vorigen Jahr Vogelers Gemälde „Arbeitsschule Barkenhoff" aus dem Jahre 1919 erworben. Mit ihm war für mich das Ende in Vogelers Worpsweder Schaffen sowohl in zeitlicher als auch thematischer Hinsicht erreicht. Darum sollte dieses Bild in meiner Sammlung den Schlußpunkt unter die Ära Vogeler setzen, denn die einst in seinem Heim am Barkenhoff zelebrierte Ästhetisierung des Lebens schien darauf passé. Anstelle Rainer Maria Rilkes, Carl Hauptmanns, Max Reinhardts, Rudolf Alexander Schröders oder anderer illustrer Gäste jetzt der Schlosser Fidi Harrjes, statt gepflegter Gastlichkeit harte Arbeit, statt Biedermeierfrack nackte Oberkörper. Das, was Vogelers Worpsweder Werk groß gemacht hatte, schien vorüber.
Der agitatorische Heinrich Vogeler und die Folgen seines tragischen politischen Irrtums aber gehörten nicht mehr nach Worpswede und paßten folglich nicht in meine Sammlung. Die logische Grenze, die ein einheitliches Ganzes umschließt, schien überschritten. Dieses Vorurteil kam mir sehr gelegen, war doch die Sowjet-Union aus meiner subjektiven Sicht von Kindheit an die Inkarnation der Dunkelheit, des Unter- und Hintergründigen, etwas, wovor man Angst haben mußte.
Da machten Freunde [2]) mich auf ein unscheinbares Inserat in einer Fachzeitschrift aufmerksam, in dem ein Zyklus von 35 Aquarellen und Ölkreidezeichnungen Heinrich Vogelers angeboten wurde. Sie witterten, daß es sich um sein verschollenes Reiseskizzenalbum handeln könne, und ihr Gespür hatte sie nicht getäuscht, wie ich schon bald feststellen konnte.

Denn es waren tatsächlich die verlorenen Zeichnungen, in denen Vogeler seine ganz persönlichen Eindrücke von Land und Leuten in Moskau und den einzelnen Unionsrepubliken, die er im Auftrage sowjetischer Museen und als Erholungsuchender bereiste, festgehalten hatte. Der Blick aus einem Fenster auf den Kreml ist darin zu finden wie auch er selbst: beim Kauf des Packesels, als Eselsführer auf schwindelndem Gebirgsgrat hoch über dem Serafschanfluß, Malkasten und Staffelei durch unwegsames Karelien schleppend, in der Wüste zeichnend oder von seiner zweiten Frau Sonja Marchlewska am Bahnhof von Samarkand Abschied nehmend. Weil Vogeler sie zum großen Teil selbst beschriftet hatte, ließen sich die Skizzen leicht einordnen.

Die unmittelbar vor Ort ohne Absicht entstandenen Blätter waren ursprünglich an Stelle von Ansichtskarten als Grüße an seinen Sohn Jan gedacht und gaben wieder, was Vater und Mutter erlebten. Vielleicht ist gerade diese ‚Interesselosigkeit' das Geheimnis der Ausstrahlung, welche die kleinen Blätter auf den Betrachter ausüben, der spürt, daß hier weder politische Meinung noch Verkaufszwänge die Triebfedern waren, sondern die ‚Lust zu fabulieren' und väterliche Liebe zu dem Kinde, das seine unsteten Eltern so oft entbehren mußte.

Zum Album lagen zwei Gutachten vor, eines von Prof. Nerlinger, Berlin, von 1959, der „im Werke Heinrich Vogelers gerade die kleinen Werke als besonders ausdrucksstark in Erinnerung" hat. Ein anderer Kunsthistoriker Herbert Tucholski urteilt, daß „die Blätter . . . bei allem Reichtum des Details groß durchdacht, einheitlich komponiert und daher bildmäßig vollkommen abgeschlossen sind; sie übertreffen an Unmittelbarkeit und Frische große

Ölbilder, welche der Künstler nach diesen kleinen Aquarellen geschaffen hat." Daraus folgert der Experte, daß die Blätter eine „Zierde jedes Museums bilden, denn sie zählen zu den typischsten und schönsten Werken des Künstlers."
Beider Meinung konnte ich mich vorbehaltlos anschließen. Viele dieser Kleinode waren in Thema und Kolorit fast märchenhaft, und ich war an den jungen Heinrich Vogeler erinnert, der mit „Des Knaben Wunderhorn" in der Hand unbeschwert träumend über den Weyerberg schlenderte.

Besonders der leichte, luftige Pinselstrich und die duftigen Farben in ihrer Zartheit zeigten den Künstler bei aller Beschwernis der endlosen Strecken, die auf primitivste Weise zu bewältigen waren, trotz aller tropischen Hitze und sibirischen Kälte, die ertragen werden mußten, als positiven, fröhlichen, unternehmungslustigen, neugierigen, ja zum Teil humorvollen Menschen, der mit seinem Schicksal keineswegs haderte, und ich war an den Brief eines Freundes [3]) erinnert, der mir einmal geschrieben hatte: „Vogelers Kunst ist von einer seltenen Reinheit." Wie recht er hatte. Wenn ich mir das Blatt ansah, auf dem Heinrich den Esel führt, auf dessen Rücken Sonja sitzt, überkamen mich Kindheitserinnerungen. Man brauchte nur die Namen auszutauschen und erlebte mit Maria und Joseph auf der Flucht die Weihnachtsgeschichte. Das war nicht das Werk eines verbissenen Fanatikers. Hier zog ein Idealist reinen Herzens durch die Welt; viel zu reinen Herzens.
Je länger ich die Blätter betrachtete, desto mehr schwand die sowjetische Dunkelheit und wurde zur russischen Tiefe, und auch das Bild des Kreml verlor alles Martialische und gewann mit seinen goldenen Türmen fast Intimität, und aus der bedrohlichen sowjetischen Masse wurde wieder der

russische Mensch mit der großen Seele und dem einsamen Schicksal in der Weite der Landschaft, so wie ihn Dostojewski und Tolstoi beschrieben hatten.
Einige der dargestellten Szenen waren mir bekannt, da der Künstler sie in seinen hinterlassenen Tagebuchaufzeichnungen bereits kommentiert hatte. Manche tauchten als einzelne Facette in einem seiner Komplexbilder wieder auf. Andere, wie z.B. „Mondnacht in der usbekischen Wüste", nahm er später als Studie für eine Ölmalerei. Und dennoch konnte man die Aquarelle und Ölkreidearbeiten nicht als Skizzen einstufen, sie waren selbst spontan entstandene originäre kleine Kunstwerke.

Auch aus wissenschaftlicher Sicht boten sie neue Ansätze, denn sie zeigten einen völlig anderen sowjetischen Vogeler, als wir ihn durch die Kenntnis von seinem so entsetzlichen Ende 1942 in Kasachstan gewohnt waren. Das gab dem Skizzenbuch eine zusätzliche Dimension. Und schließlich hatte sich gerade in jüngster Zeit unsere eigene Interessenlage verändert, wodurch auch für uns der politische Vogeler an Bedeutung gewann. Erfüllte sich vor siebzig Jahren am Barkenhoff sein Schicksal nicht im Kleinen ebenso, wie wir es im Großen augenblicklich im Osten mitansehen? Ist Vogeler nicht heute besonders gegenwartsnah, weil die Geschichte ihn jetzt eingeholt hat? Jetzt erst? Jetzt endlich? Und rücken nicht er, sein Barkenhoff und damit auch wieder einmal das Weltdorf in einen neuen Mittelpunkt und werden geradezu zum Paradigma, wenn es gilt, gesellschaftliche Realität von Utopie zu trennen?
Das Album selbst hatte nach Heinrichs Tod seine eigene wechselvolle Geschichte. Zuerst stellte man es mit seinen übrigen Habseligkeiten seiner zweiten Frau Sonja zu, von der er seit 1941 geschieden war. Sie nahm es mit nach Warschau und verlieh es

1952 an einen Osterberliner Verlag, der es veröffentlichen wollte. Dort ging es im Spannungsfeld des kalten Krieges verloren und galt drei Jahrzehnte als verschollen. Das verlieh ihm zusätzlich zeitgeschichtliche Bedeutung.

Vor allem aber der Gedanke, der mich nicht losließ, daß Vogeler die Blätter über Jahre stets bei sich getragen, vielleicht sogar bei Wind und Wetter unter seiner Jacke geborgen hatte, entzündete meine Phantasie und erhob das Album vom Dokument zur Reliquie.

Da waren alle guten Vorsätze vergessen, und mir stand wieder klar vor Augen: wer sammelt, ist nie am Ziel. Immer wieder glaubt man, das sammlerische Werk sei abgeschlossen, abgerundet und habe seine eigene bleibende Form erreicht, die den Schlußpunkt rechtfertigt. Urplötzlich kommt aus einer völlig ungeahnten Richtung ein Hauch, der die Glut auflodern läßt und alles in neues Licht taucht, sei es ein flüchtiger Gedanke, der Nebensatz eines Freundes, ein anonymes Inserat, eine zufällige Begegnung. Dann weiß man, daß es kein Ende gibt und spürt, daß die Sammlung sich verselbständigt hat und ein Eigenleben führt, daß sie pulsiert, atmet, ihre Grenzen sprengt, daß sie vergehen wird, wenn sie dogmatisch erstarrt, weil auch sie nur leben kann, wenn sie sich ständig verändert.

Da stand für mich fest: ganz gleich, wo sie entstanden waren, diese Blätter gehörten in des Malers Heimat, wo recht viele Kunstfreunde Erkenntnis durch sie gewinnen und ihre Freude daran haben sollten. Sie mußten in meine Sammlung! Die Glut hatte wieder einmal Flammen geschlagen.

Werner Hohmann · Zu diesem Album

Die Odyssee dieses Reiseskizzenalbums verlief ebenso abenteuerlich wie Heinrich Vogelers Reisen durch die Sowjetunion, die ihn in weit entlegene Regionen vom Polarkreis über die Wüsten Asiens bis an das Hochgebirge des Pamir führten. Es kann durch ungewöhnliche Umstände erst jetzt, fast 50 Jahre nach dem Tode des großen Künstlers im Krankenhaus von Budjonny (Choroschewskoje), der Öffentlichkeit vorgestellt werden.

Besonders von den Skizzen der Zentralasienreise (1926) geht noch heute eine Faszination aus, die im Können Vogelers, die spezifischen Möglichkeiten des Aquarells zu nutzen, begründet ist. Er versteht es meisterhaft, das Spiel von Licht und Farben asiatischer Tage und Nächte mit all ihren atmosphärischen Stimmungen in schwimmenden Übergängen und zarten Farbschleiern in ursprünglicher Frische zu überliefern.

Wie ein Schwingen von Musik liegt die flackernde Lavierung des Lichtes im „Teegarten von Ura Tube" feinfühlig abgestimmt über der abendlichen Szene und hebt sie aus dem Dunkel der Nacht hervor. „Die Welt schien sich in Mondlicht und Musik aufzulösen. Nachtigallen überschlugen sich in trunkenen Serenaden", erinnert sich noch Jahrzehnte später Vogelers Frau. Selten ist es einem Künstler vergönnt, mit seinen Mitteln einen Augenblick so unvergänglich zu machen.

Die Farbbrillanz, die Beherrschung von Licht und Schatten mit allen fließenden Übergängen, die in ihren pastellhaft zart abgestimmten Tönungen die Bildfläche wie hingehaucht modellieren, geben den Arbeiten Tiefe, Transparenz und Stimmung. Sie vermitteln in besonderer Weise die

Sensibilität des früheren Worpsweders, mit der er nun eine bisher nie geschaute Natur und deren Menschen erlebte. Seine Zeichnungen verraten ein scharfes Auge, das hier – auch im Porträt – mit psychologischer Eindringlichkeit und sicherem Strich das Charakteristische aufspürt und Vergangenes belebt.

So erweisen sich die Aquarelle ‚Die Bauern bereiten das Nachtmahl', ‚Nachtlager auf dem Hausdach', ‚Arba-Fahrt durch die Wüste' und der gemalte Aufstieg zum Obordonpaß wie auch zahlreiche der übrigen Blätter für jeden Betrachter als eigenständige Kleinode mit nunmehr eigenem kunsthistorischen Stellenwert im Œuvre des Malers.

Entstanden vor einem halben Jahrhundert, künden die kleinen Kunstwerke heute gleichzeitig als kulturhistorische Dokumente von einer Lebensweise der Menschen im Umbruch uralter Kulturen mit ihren Sitten und Gebräuchen. Dabei bildet der Zyklus von der Reise nach Samarkand in seiner Geschlossenheit das Herzstück dieser unschätzbaren Kostbarkeit.

Für Heinrich Vogeler waren diese Arbeiten Grüße. Seine oft mit karikierendem Unterton angelegten Selbstdarstellungen aus Karelien (1936) trugen offensichtlich diesem kleinen Adressaten Rechnung. Daß Jan Vogeler sich schon mit drei Jahren als kritischer Betrachter und Anhörer beim Vorlesen von Vaters Briefen erwies, belegt seine Kinderfrau in ihren Briefen aus Deutschland an Heinrich Vogeler nach Moskau: „Lieber Mining [4]) . . . Das Kamelbild löste nun endlich Befriedigung aus u. daß auch noch der Esel drauf ist, macht das Bild doppelt wertvoll. Die Glocken will er nicht gelten lassen: ‚Die sieht man ja garnicht!' – Da hast' es." [5])

ZENTRALASIATISCHE REISE

Oktober – November 1926 · Usbekische SSR

Im Auftrag der Internationalen Roten Hilfe Fahrt nach Moskau. „Sehr sehr froh bin ich mit Sonja hier ohne Schwierigkeiten eingetroffen. Deine Anweisungen haben gut funktioniert . . . so daß wir nach der Reise gleich ein schönes Mittagessen vom Kreml hatten. Ich bin sehr froh, daß Sonja doch mitgekommen ist und daß Du alles für uns eingerichtet hast . . . Na, ich habe ja nun in den wenigen Stunden nicht viel erfahren, aber die Herausgabe der Bilder mit Diapositiven an die Wand mit dem Projektionsapparat ist abgelehnt, somit auch alle Propaganda in Verbindung mit Meyerhold [6]). Nun sitzen wir in Deiner schönen Wohnung . . .", schreibt Vogeler aus dem Moskauer Kreml an Bronislawa Marchlewska, die in einem Urlaubsort weilt.

Mit seiner jungen Gefährtin war Vogeler von Berlin und weiter per Schiff von Swienemünde über Stettin und Leningrad angereist und hatte unterwegs noch in der Stadt an der Newa vor der Belegschaft der Putilow-Werke für die IRH (MOPR) geworben.

„Mutti – schreib uns genau Deine Pläne und wann wir uns sehen werden. Mining träumt immer noch von der Reise nach Baku. Aber ich glaube nicht so richtig daran", fügt die Tochter von B. Marchlewska in Polnisch diesem Brief hinzu [7]).

Eine Anweisung des Exekutivkomitees der IRH aus Moskau, dem Künstler für die Reise in Berlin 100 Dollar auszuzahlen, traf zu spät ein. Vogeler wartete nicht. Am 9. Juli 1926 teilt er dem Berliner Büro mit: „Es gelang mir nicht mehr mich von allen zu verabschieden, da die letzten Stunden in Berlin in den Warenhäusern verbracht werden mußten . . ." [8]).

Am 20. Oktober heiraten während dieses Aufenthaltes Heinrich Vogeler und Zofia Marchlewska im Gebietsstandesamt von Krasno-Prechenskoje in Moskau. Die darauf folgende Fahrt nach Zentralasien wurde somit zu ihrer Hochzeitsreise und Vogelers junge Frau bekennt später in ihren Erinnerungen: „Eines der buntesten Märchen meines Lebens begann."
Reisebegleiter auf dieser Reise waren ein Jugendfreund von Vogelers Frau, Maurice Leiteisen und dessen Freund Aleksej, genannt Sascha. Die Sprachbegabung des einen und die Schießkünste des anderen sollten auf dieser Reise der Orientierung und der Verpflegung der Reisegruppe gute Dienste leisten. Ein kleiner Setter mit Namen Lajka rundete die kleine Karawane ab.
Anreise mit der Bahn über Simbirsk, Samara, Orenburg. Durch die Kirgisensteppe, Turkestan nach Taschkent. Weiter nach Ursatewskaja, mit dem PKW zur großen Landstadt Ura-Tjube, dem Ausgangspunkt der Wanderung in das tadshikische Gebirge (westliche Alai-Kette). Durch das Tal von Autschi über den Obordon-Pass (3351 Meter), entlang dem Serawschantal nach Pendshikent. Von hier durch die usbekische Wüste nach Samarkand.
Vogeler reist allein weiter nach Baku.

Widmung: „Mining d. lieben Janek
die Aussicht aus unserem Fenster
im Kreml."
Heinrich Vogeler

„Meine Eltern wohnten zu jener Zeit in einer Zweizimmerwohnung. Es waren ehemalige Hofdamengemächer ... deren hohe schmale Fenster auf einen Innenhof des Kremls blickten ... Sah man aus dem Fenster, so fesselten die goldglänzenden Kuppeln der Zarenkirche mit ihren kettenbehängten Kreuzen den Blick. Symbole gestürzter Macht."
Zofia Marchlewska

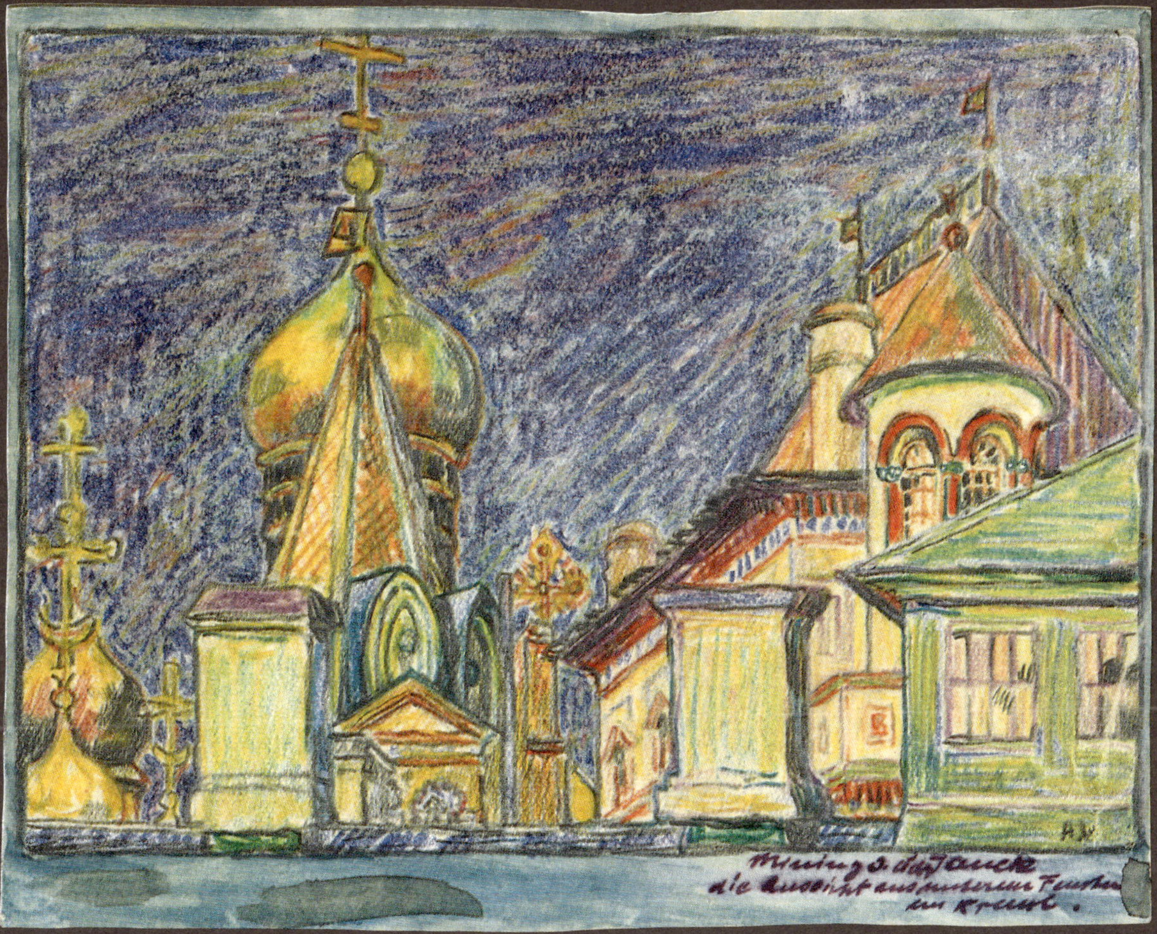
AW
die Aussicht aus unserem Fenster
im Kreml.

Die Liebe zu den Kindern war wesentlicher Inhalt im Leben Vogelers. In der Arbeitskommune in seinem Barkenhoff in Worpswede, in der Arbeitsschule und im späteren Rote-Hilfe-Kinderheim „Barkenhoff", stand stets die Fürsorge für die Kinder im Mittelpunkt. So beeindruckte natürlich Vogeler der in Moskau begangene Kindertag auf dem Roten Platz.

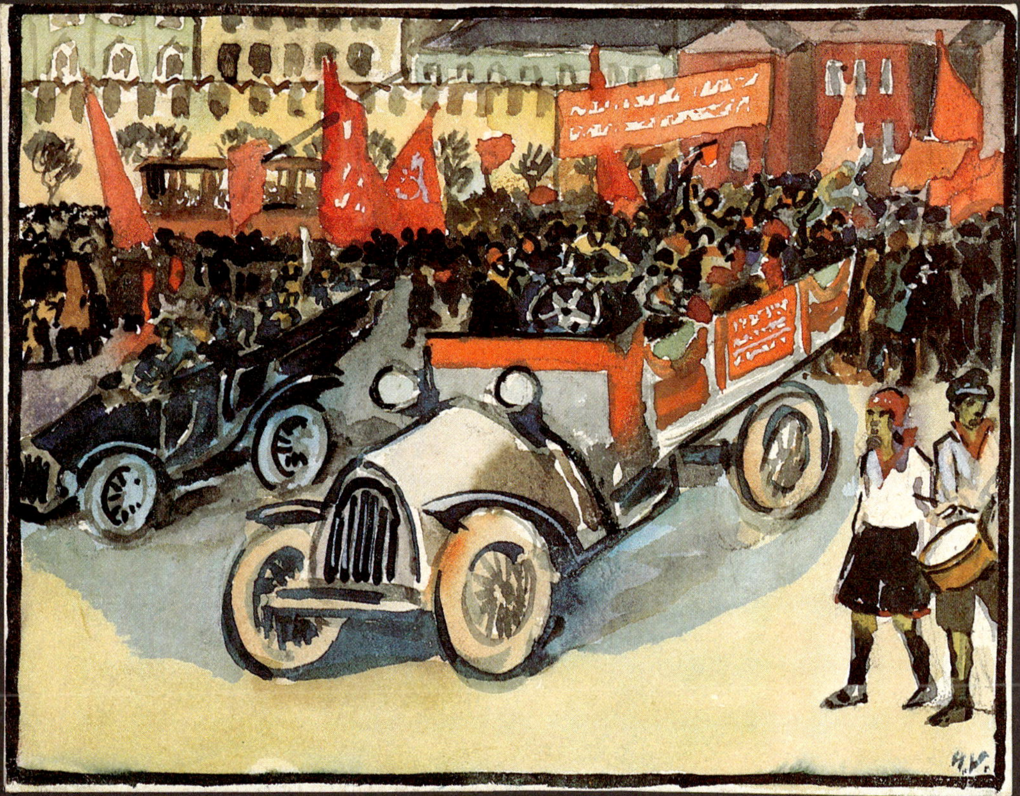

KINDERTAG in MOSKAU

Mit dem Eisenbahnzug der Strecke Moskau–Samarkand bis Taschkent. Über Simbirsk, Samara, Orenburg . . .
Verkaufsstand an einer Bahnstation im Süden der Russischen Republik. Vogeler stellt sich selbst dar: im hellen Reisemantel eilt er auf den Stand zu.

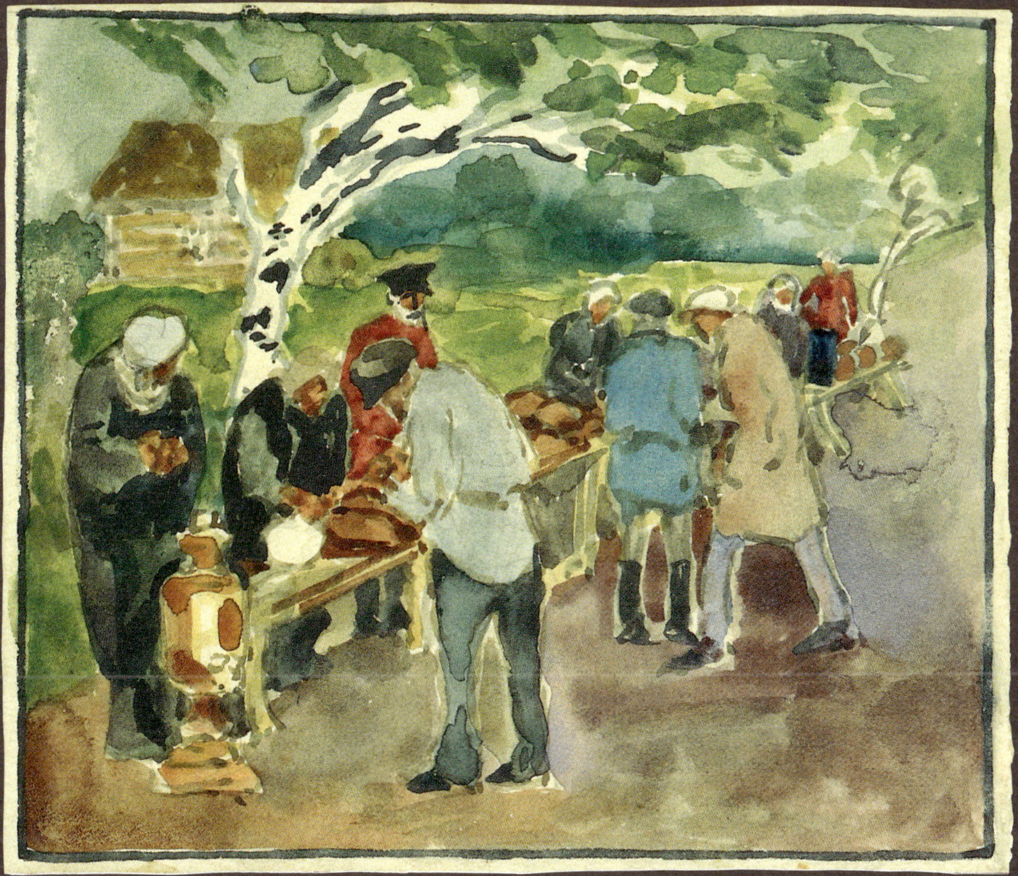

„Der Zug eilt durch die 3000 km tiefe Kirgisensteppe.
Kirgisenjurten . . .
Neben dem wolligen, plumpen zweihöckerigen asiatischen Kamel
weidet das schlanke afrikanische einhöckerige.
In der Ferne blaues Bergland.
Und wieder kahle Wüste.“
Heinrich Vogeler

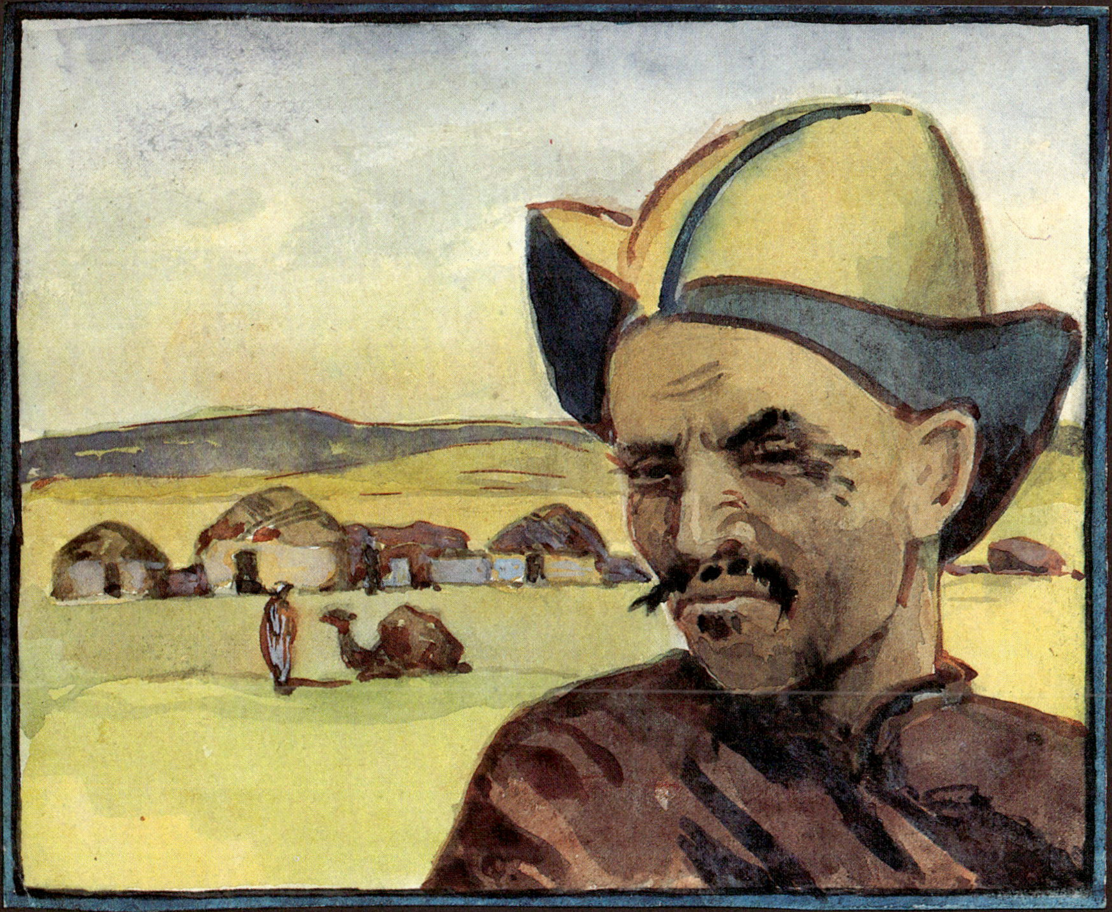

„Die Nacht brachte uns noch nach Ursatevskaja . . .
In der Morgendämmerung, im besetzten Personenauto durch die Steppe. Die Fernsicht grau und kühl. – Tiefer, voller Klang heranziehender Kamelkarawanen. Weißbeturbante Eselreiter eilen zum nächsten Dorf.
Würdig wiegend zieht eine Karawane vorbei: Kamele, den Kopf fantastisch geschmückt mit maskenartiger Baumwollzäumung, dicken farbigen Quasten an den Backen herabhängend, die Traglast mit farbigen Teppichgeweben eingedeckt."
Heinrich Vogeler

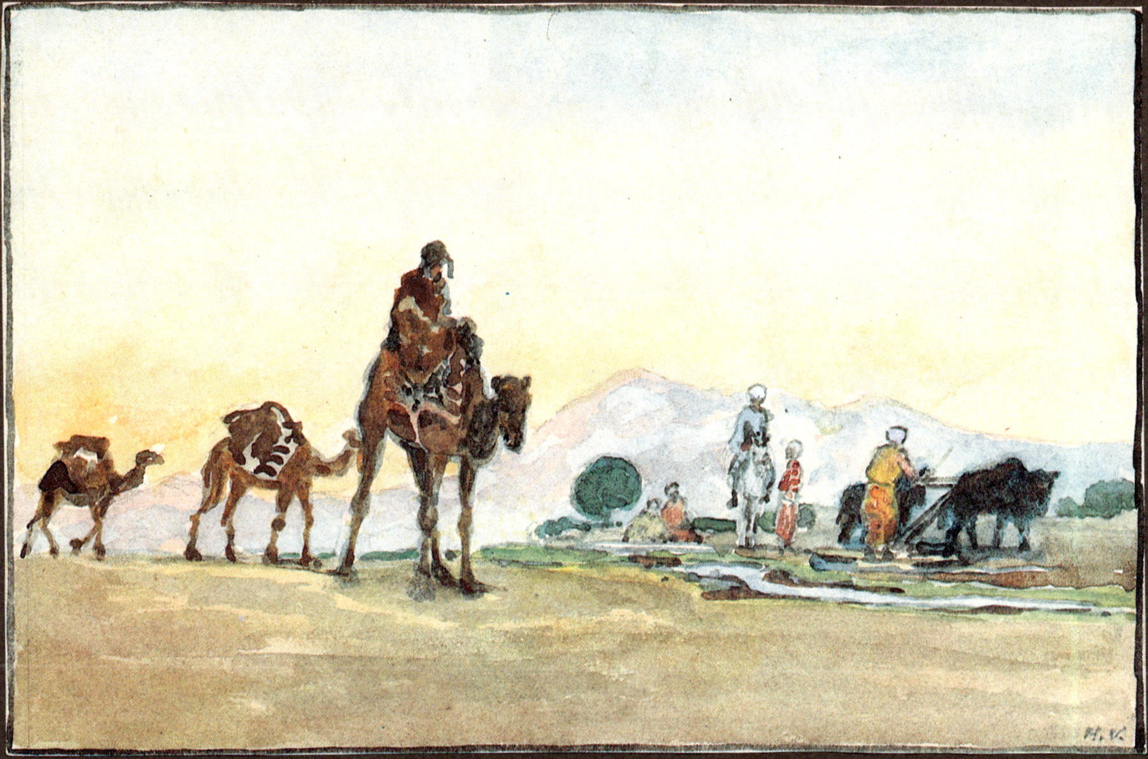

TURKESTANISCHE WÜSTE

„Tagsüber hockt heute wie seit je, der Muselman auf den tiefrot gemusterten Teppichen der Teehäuser und schlürft aus der henkellosen Schale den Tee. Die breiten abgestuften Hallen der Teehäuser sind immer besetzt. Der Teehausverwalter setzt die Wasserpfeife in Betrieb . . .“

Heinrich Vogeler

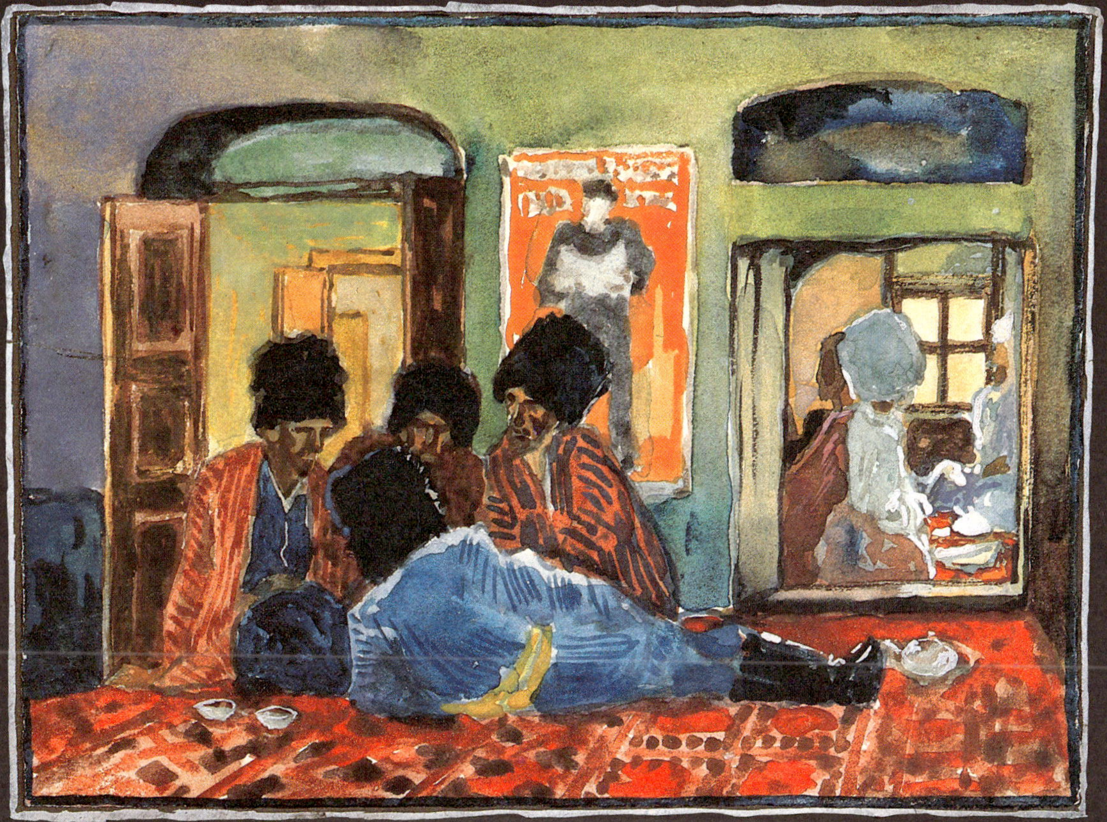

ROTE TEESTUBE IN TURKMENISTAN

In den Frauengemächern des Gastgebers hatte Vogelers Frau ihre Kleidung getauscht, um ihren draußen zeichnenden Mann verschleiert zu überraschen. Passanten blieben entsetzt stehen: „Bei Allah, was war das! Eine Usbekin behelligt einen Europäer, und der Boden klaffte nicht auseinander, um die Ausgeburt zu verschlingen.“ (Z.M.) Vogeler rät ihr, schnell den Schleier zu heben und sich als Europäerin zu zeigen. Er rettet die Situation, indem er zu verstehen gibt, „daß er den Zorn der Anhänger Allahs über diesen Unfug vollauf teile. Das wirkte auf die usbekischen Männer: „. . . denn jeder Mann soll seine törichte Frau selbst zur Vernunft bringen.“ (Z.M.)
Zofia Marchlewska

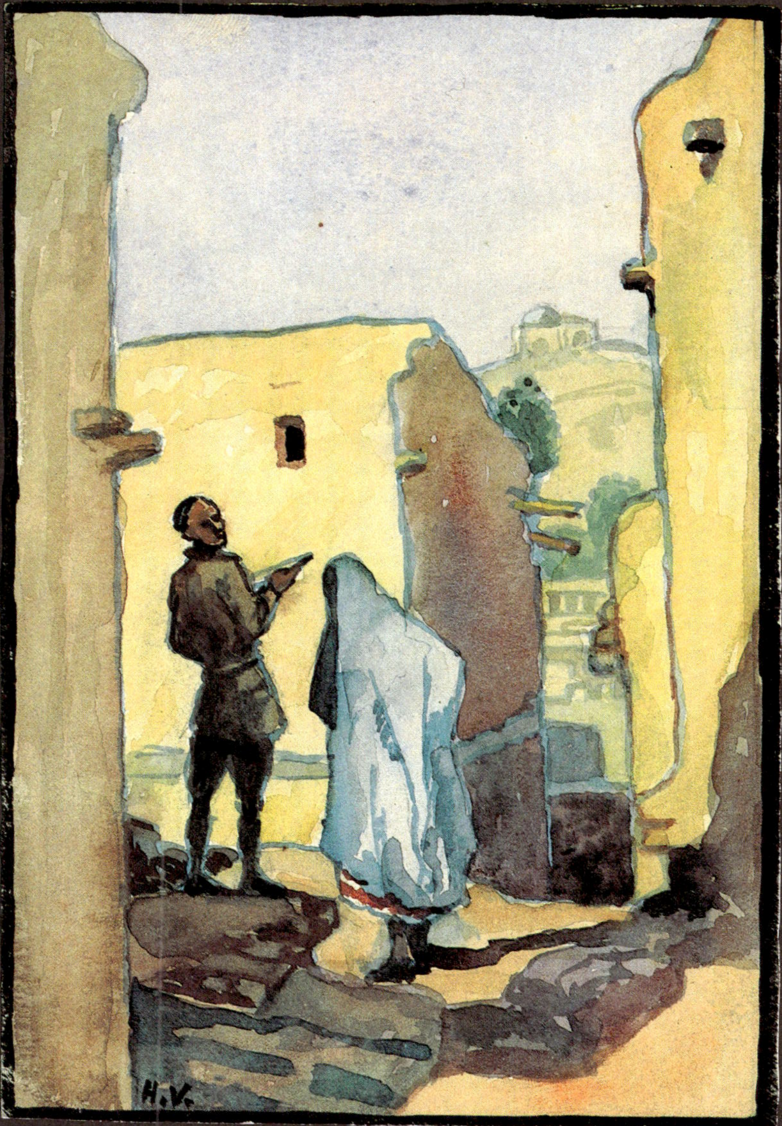

BEGEGNUNG
IN URA-TUBE

„Abends sitzen wir in einem blumigen Teegarten mit kleinen Teichen, auf deren Wasserfläche sich unter dem warmen Licht der Laternen die krause Pracht der Astern spiegelt. Usbeken summen mit geschlossenen Zähnen melancholische Weisen."
Heinrich Vogeler

„Wir ließen es uns schmecken.
Nach der ermüdenden Reise war dieses abendliche Fruchtmahl ein Hochgenuß. Die Welt schien sich in Mondlicht und Musik aufzulösen. Nachtigallen überschlugen sich in trunkenen Serenaden."
Zofia Marchlewska

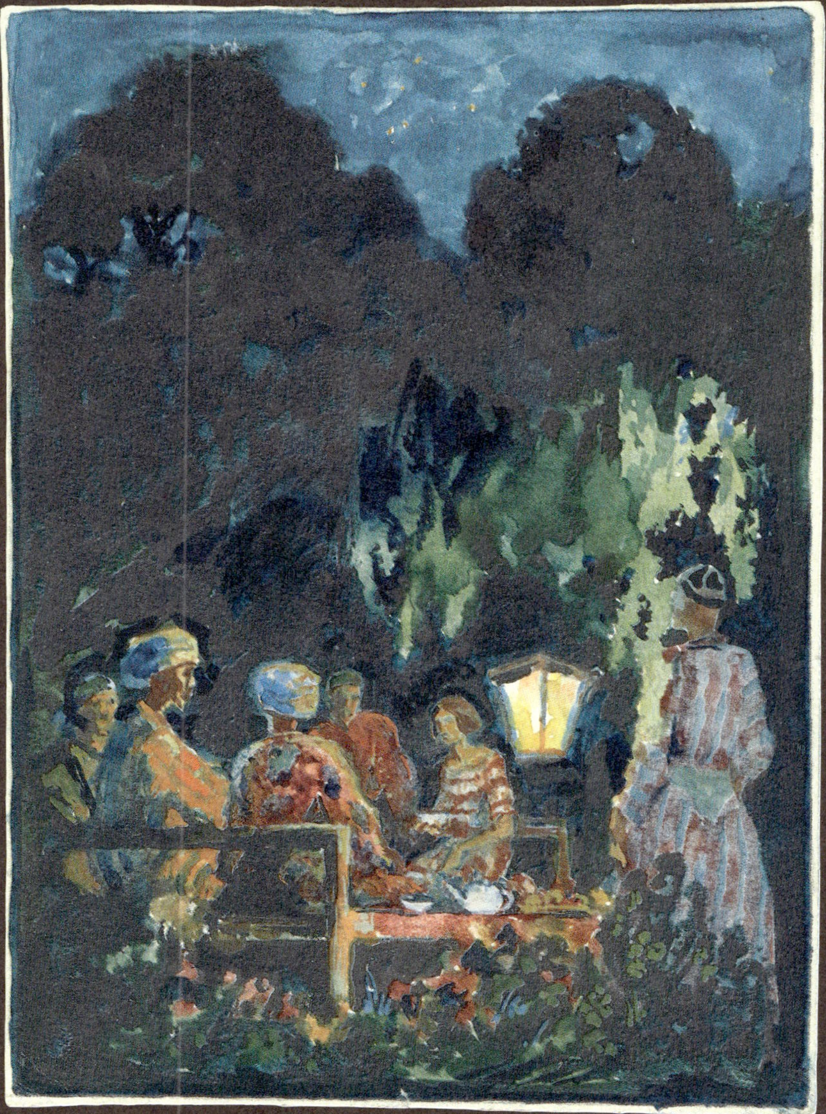

TEEGARTEN
in URA-TUBE

„In Uratube mußten wir uns einen Tragesel kaufen.
Das ‚lange Ohr', der glänzend funktionierende Nachrichtendienst der Eingeborenen, hatte unseren Wunsch sofort in jede Hütte getragen. Von nun an wurden wir von allen käuflichen Eseln der Stadt begleitet . . ."

„Unsere kleine Karawane, eine Frau, drei Genossen und ein Packesel waren von der großen Landstadt Ura-Tube ausgegangen, um dieses klassische Land des uralten Räuberunwesens kennenzulernen. Die Sowjetbourgoisie in der Eisenbahn warnte uns mit vielsagenden Blicken sich weiter als 18 km von Samarkand zu entfernen. Wir aber hatten 200 km durch die kleine Republik auf Samarkand zu machen . . ."

Heinrich Vogeler

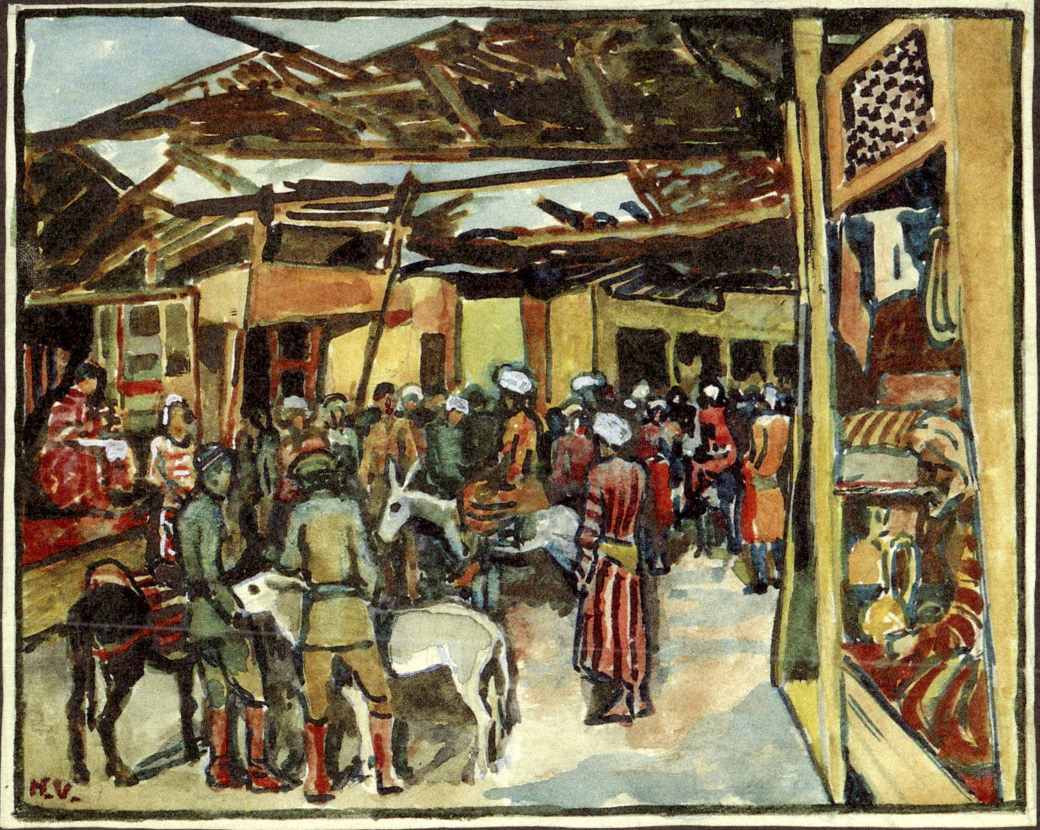

BASAR URA-TUBE
EIN PACKESEL WIRD GEKAUFT.

„Im Tadschikischen Gebirge . . . Die Sonne sinkt.
Ein graues Lemdorf . . .
Die Bauern mit uns in das ‚Mimon Chana', in das Unterkunftshaus:
ein langer, kahler Raum, Wände mit hohen Nischenfächern. Am
Ende des Raums ein mächtiger Kamin mit eingebauten Sitzen. Die
Bauern machen ein Holzfeuer.
Kuhfleisch, Zwiebeln, Kartoffeln und Reis dünsten alsbald in einem
halbkugelrunden Eisentopf unter einem Holzdeckel."
Heinrich Vogeler

Im Vordergrund: Zofia Marchlewska. Stehend: der Maler.

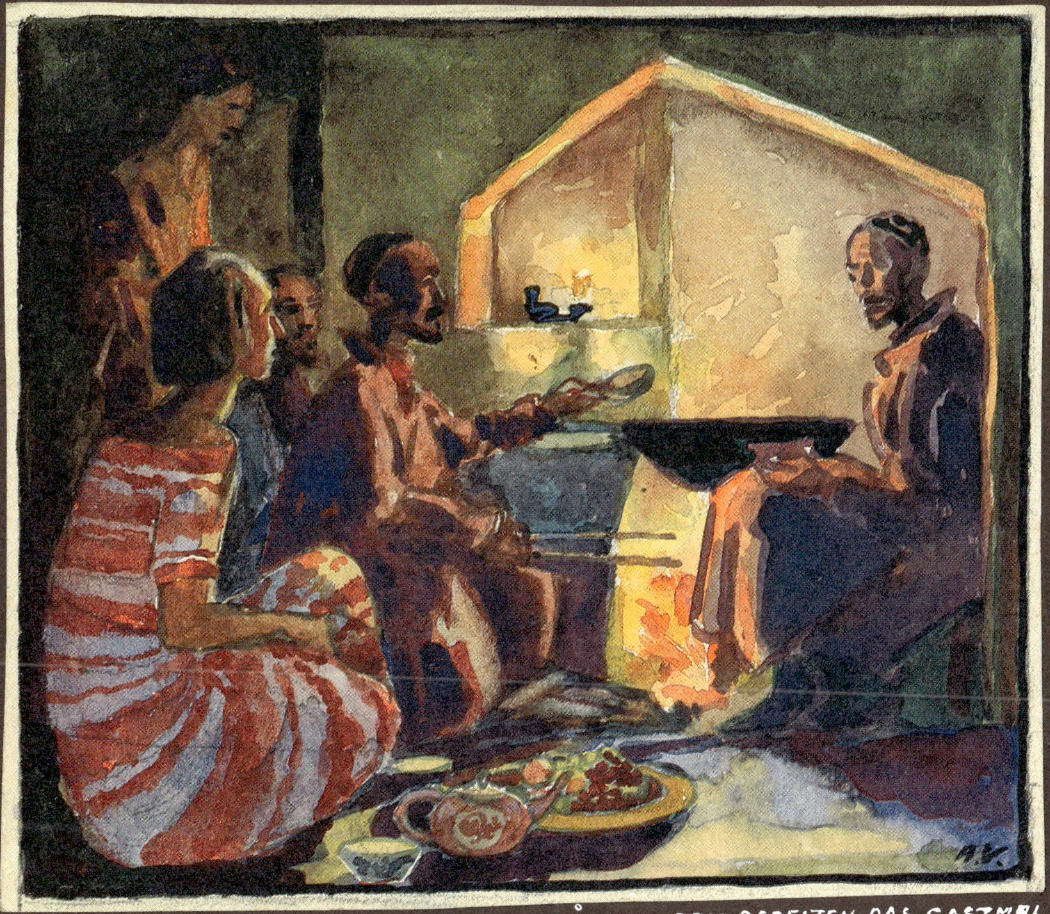

DIE BAUERN BEREITEN DAS GASTMAL

Einer der gastfreundlichen Bauern.

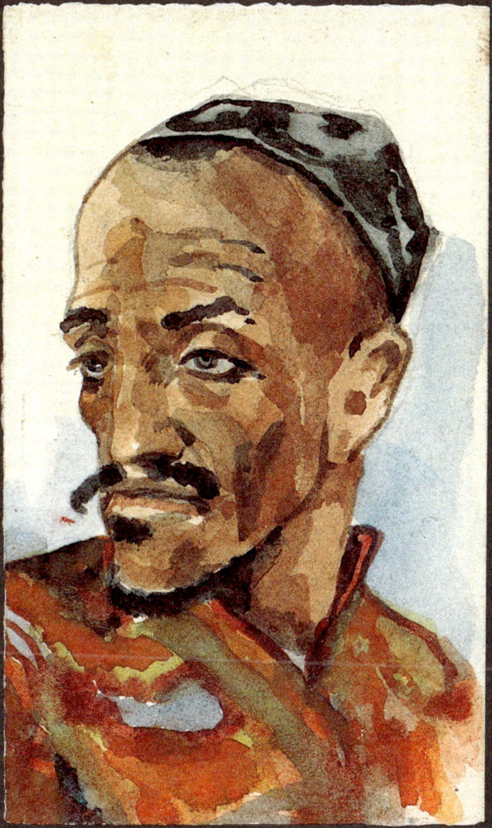

SARTE

Durch das Tal von Autschi.
„Dem Hochgebirge zu.
Ferne Schneespitzen.
Steil aufragende Bergschroffen.
Flachgelagerte fruchtbare Moränetäler, in denen tiefeingegraben zwischen senkrecht abfallenden Uferbrüchen der Fluß tobt . . . Nun wird das Tal wilder und völlig unbewohnt."
Heinrich Vogeler

Vogeler geht führend voraus. Seine Frau folgt auf dem Esel.

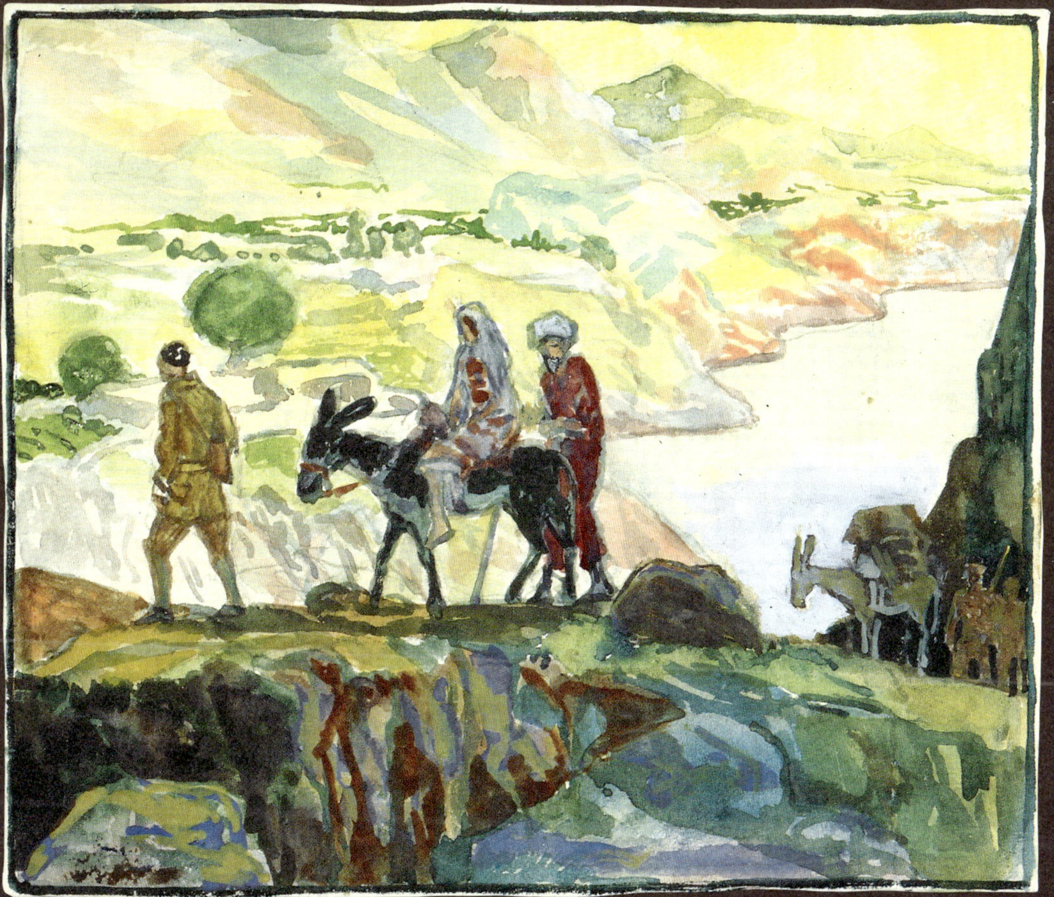

Ein Einheimischer aus dem letzten Dorf vor dem Obordonpass
verstärkte als Treiber für einen zweiten Packesel die Karawane.
„Schwerer Aufstieg. Nacht. Mondschein . . .
Die Traglast ist auf beide Esel verteilt.
Oben liegt Schnee. Eine frische Bärenspur kreuzt den Weg."
Heinrich Vogeler

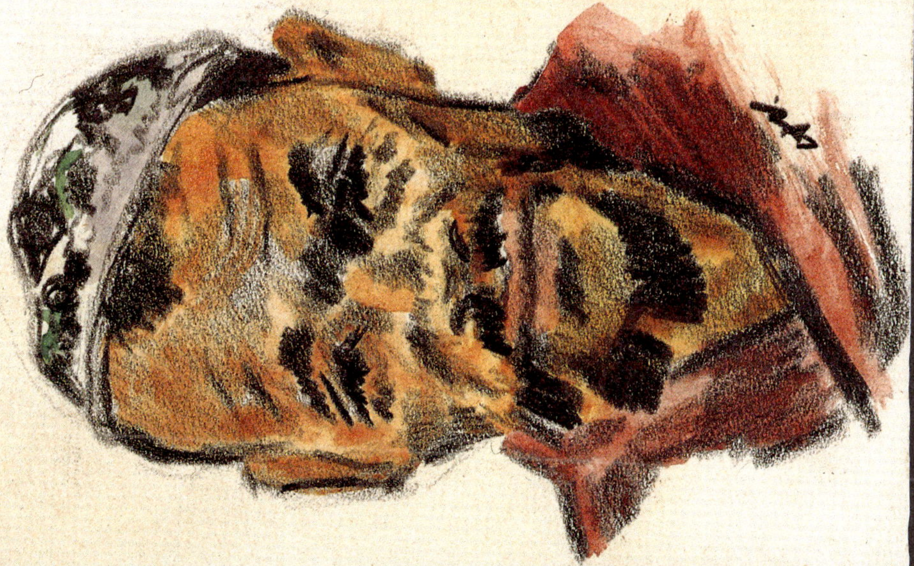

„Der Mond verschwindet . . .
Abstieg. Wegloses Tasten. Abstieg.
Tasten über hängende Brücken . . .
Dunkle Lehmmauern. Hundegebell. Wecken fremder Menschen.
Führung auf ein Hausdach. In Decken und Felle gewickelt
frierender Schlaf. Erwachen auf einem breiten Hausdach, unter uns
das Lehmdorf. An der schmalen Lehmtreppe steigt ein
müllerweißer Mullah hinauf. Er trägt einen großen Messingteller
mit getrockneten Früchten . . .“
Heinrich Vogeler

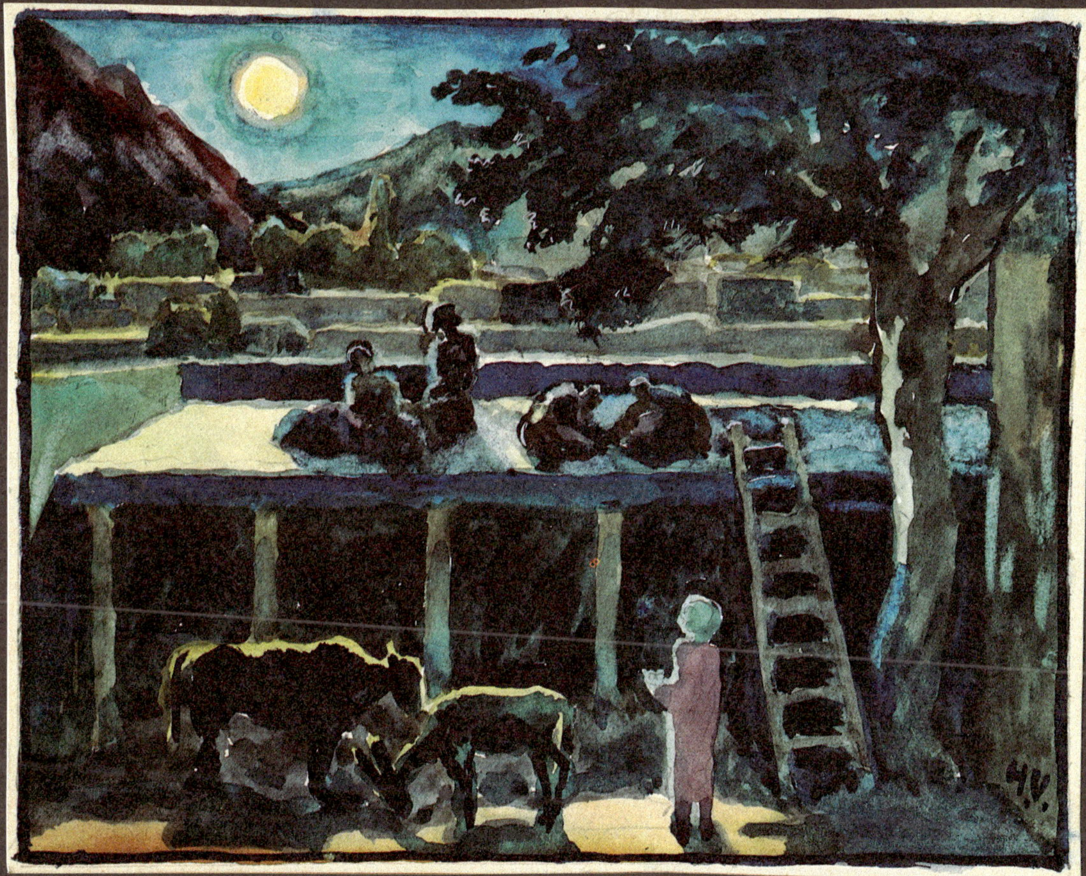

NACHTLAGER AUF DEM HAUSDACH

„Zentralstellen der Wasserleitung außerhalb der Dörfer, wo das Wasser nutzlos und im Überfluß in Strahlen herausfloß, benutzten wir, uns in natürlichen Duschbädern zu erquicken. Je mehr das Tal sich senkte und breiter wurde, desto stärker wirkte sich die Sonnenwärme aus."

Heinrich Vogeler

Vogelers Frau erfrischt sich, während der Maler – nur mit dem Usbekenkäppi bekleidet – den „Baderaum" bewacht.

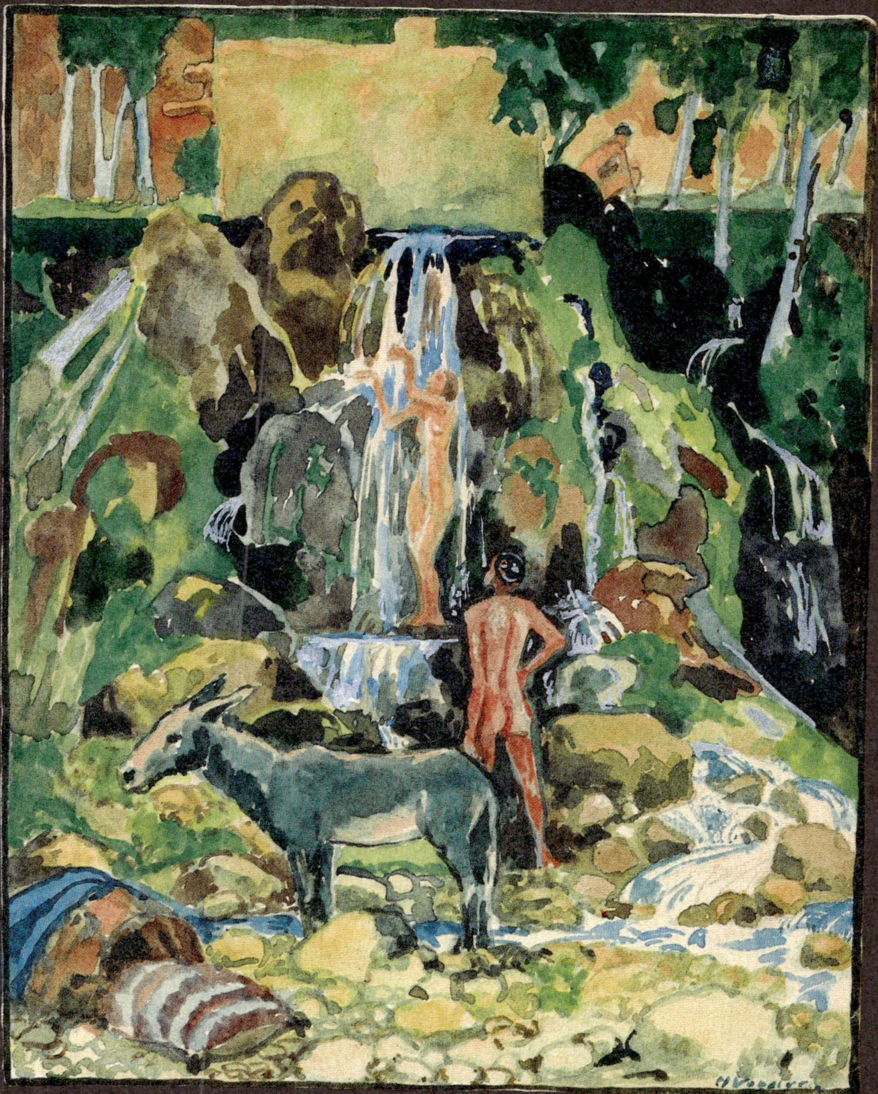

DAS BAD AM BEWÄSSERUNGS-KANAL

„In einem Dorf empfing uns das vornehm gekleidete Dorfkomitee in einem reich ausgestatteten Privathaus recht mißtrauisch. Später fand am Tempelteich eine öffentliche Versammlung statt.
Man saß am Rande des Teiches auf schönen Teppichen unter uralten Bäumen . . .
Fragen an die Masse . . .
Anklage über Anklage gegen das Dorfkomitee, vor allem in der Frage der Holzversorgung.“
Heinrich Vogeler

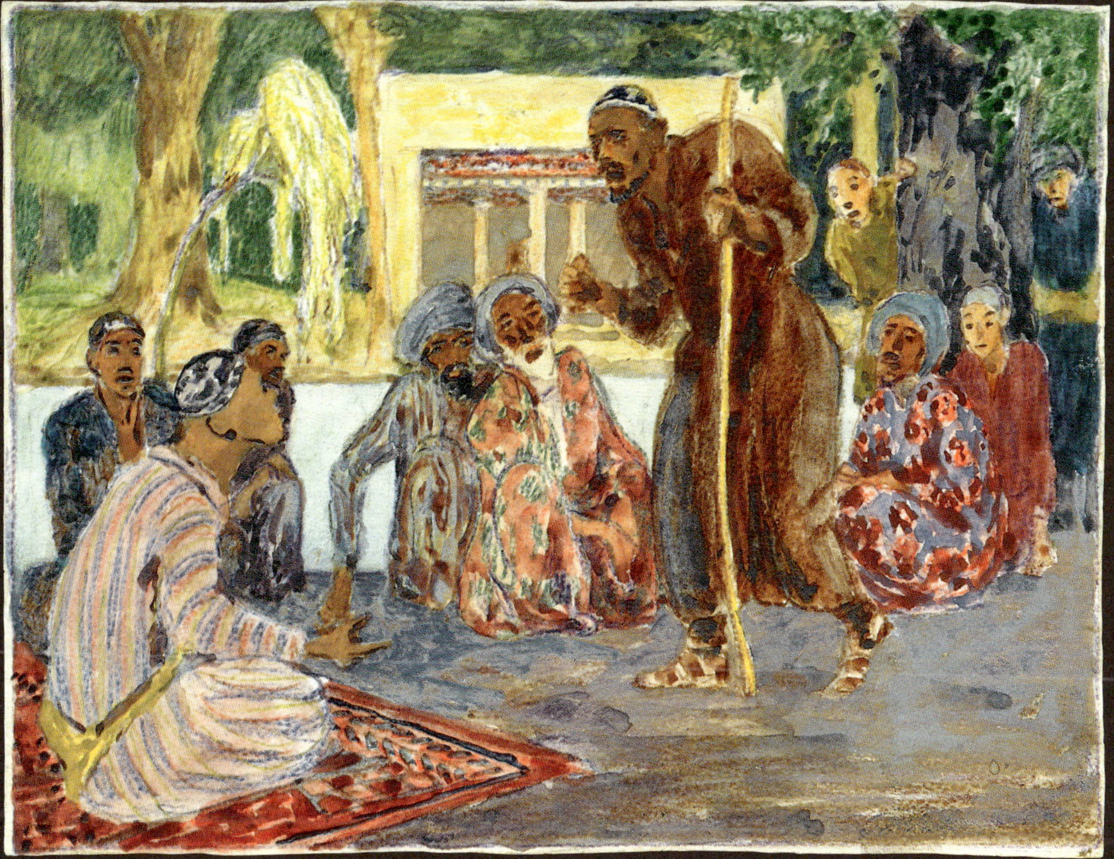

1926 Ein Berghirt greift die Kulakische
Einstellung des Dorfsowjets an.
(Brennholz Verteilung)

Tadshikischer Hausgarten.
Heinrich Vogelers Frau schildert ihren Einblick in einen solchen Garten hinter den fensterlosen Außenfronten der einstöckigen Häuser:
„Gebannt blieb ich jenseits der Mauer stehen: vor mir lag ein paradisisch grünender Garten. Zwischen Aprikosen- und Mandelbäumen leuchteten unbekannte Blumen."
Zofia Marchlewska

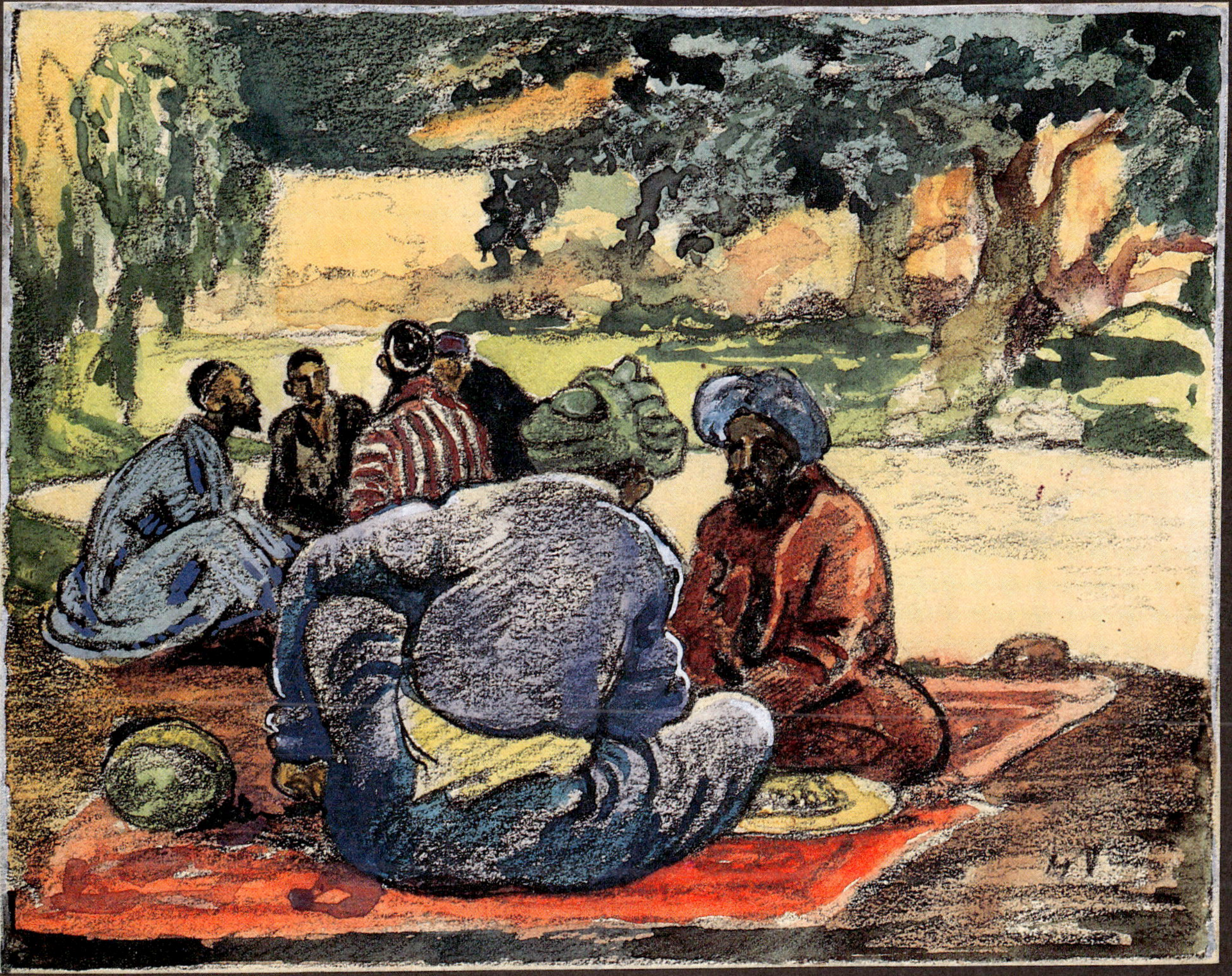

DAS GLÜCK DES TADSCHIKEN: EIN GARTEN
EIN TEICH
UND EIN LEICHTER WIND

„ . . . kamen wir zu einer Brücke, zu der von oben ein steiler Weg in Windungen hinunterführte . . .
Die Brücke war elastisch, schwankend, und selbst der Esel ging erst hinüber, nachdem die Menschen es ihm vorgemacht hatten."
Heinrich Vogeler

Jan Vogeler erinnert sich noch heute an die Schilderungen seiner Eltern über diese Reise. Nach ihnen weigerte sich der Esel in einem anderen Fall, eine solche Brücke zu betreten.
Die Karawane war gezwungen, einen viele Kilometer betragenden Umweg in Kauf zu nehmen.

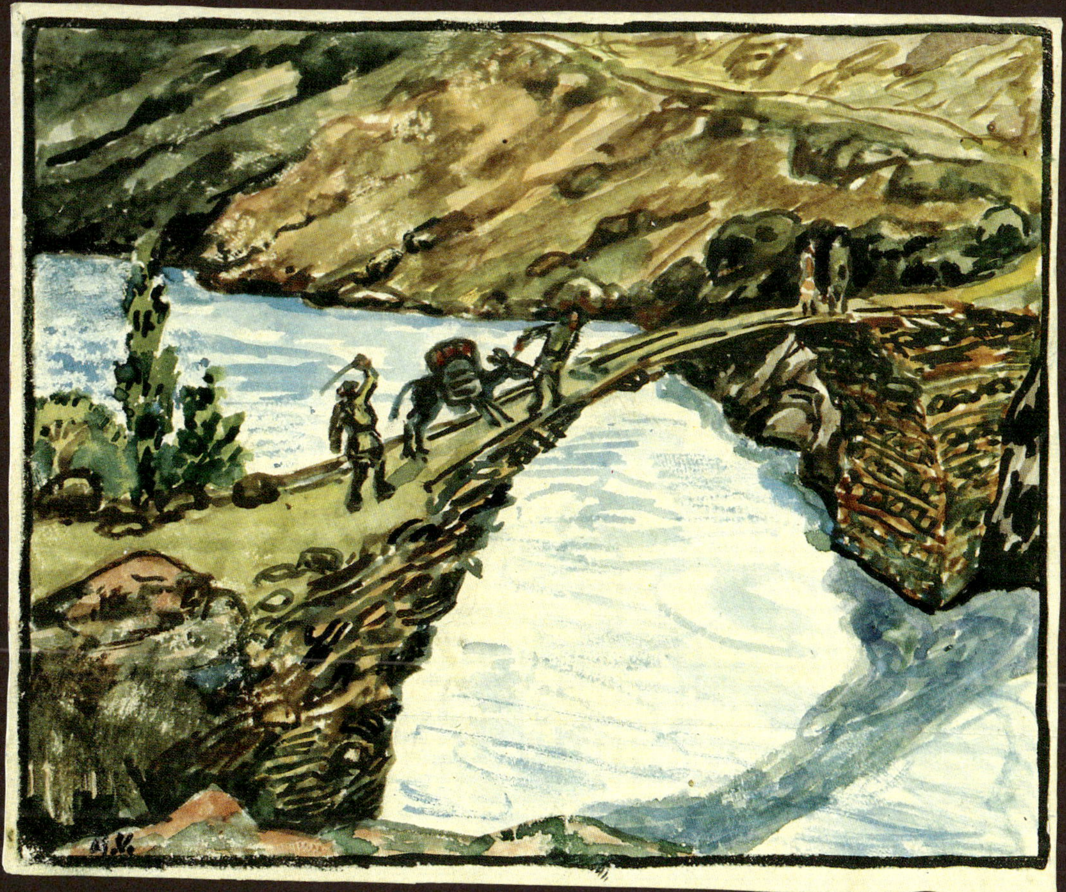

BRÜCKE ÜBER DEN SERAFSCHAN

„Kahl sind die steinigen Gebirge, in deren Randabfällen die schmalen Eselspfade eingeritzt sind . . .
Kommt man zuerst über den Paß in dieses Land und sieht die dünnen Weglinien in die Bergkanten eingeschnitten, sieht man ganz unten in die Gletschermoräne eingegraben den eisgrau dahinbrausenden Serafschan und über der dünnen Weglinie die erdrückenden, steilen Gebirgsmassen aufgebaut, dann hat man das Gefühl der völligen Ungangbarkeit dieser einsamen Gebirgswelt."
Heinrich Vogeler

Schmale Bergpfade und Hängepfade aus Latten und Zweigen an steilen Felshängen, die sogenannten Owrings, sieht man heute nur noch auf der afghanischen Seite in diesen Gebirgen.
Als Mahnung vor den früheren Gefahren an der Bergstraße blieb in einem Felsen folgende Inschrift zurück: „Reisender du bist hier wie eine Träne an der Wimper."

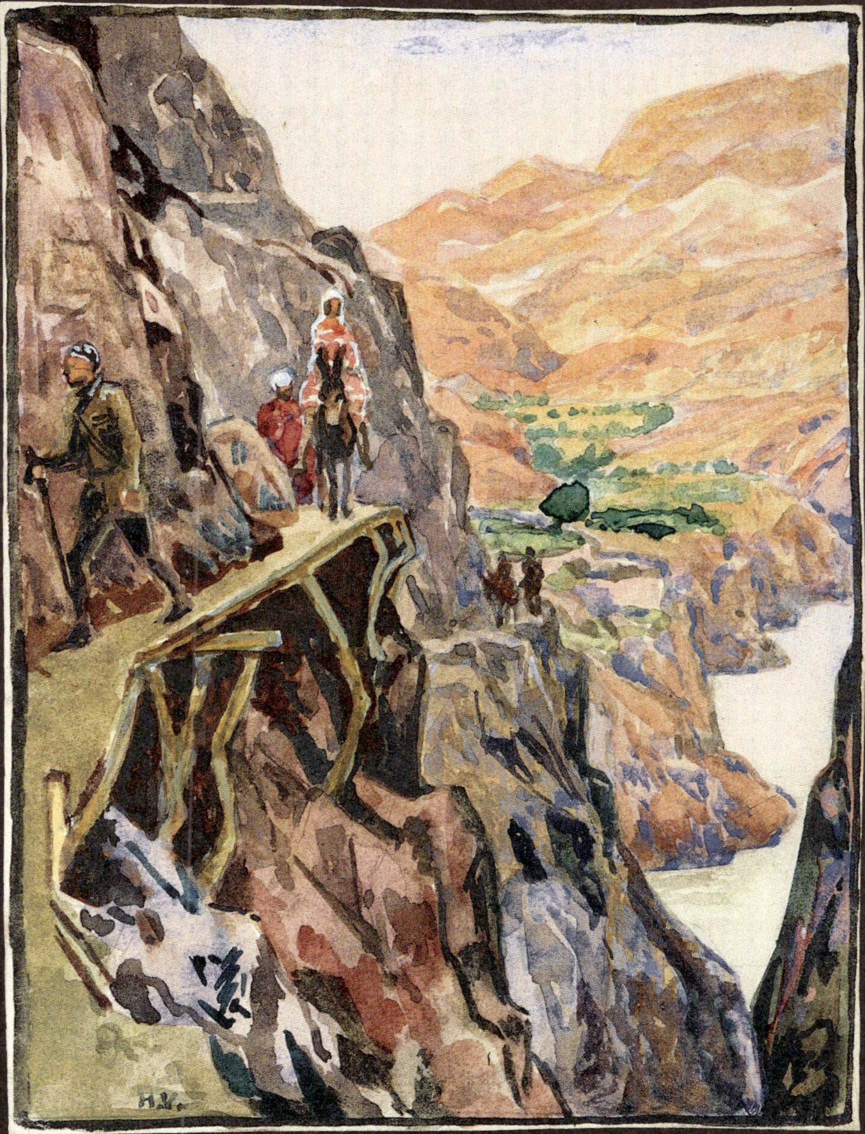

VERKEHRSSTRASSE VON OBORDON NACH SAMARKAND

„In der letzten Ortschaft vor der Wüste nahmen wir eine Arba,
einen hochrädrigen Wagen, mit dem wir durch die Wüste nach
Samarkand fuhren . . .
Der nächtliche Mond schien sehr hell.
Die Farben der kahlen Landschaft waren fast warm.
Nie habe ich Ähnliches erlebt wie diesen farbigen Mondschein der
Wüste vor Samarkand."
Heinrich Vogeler

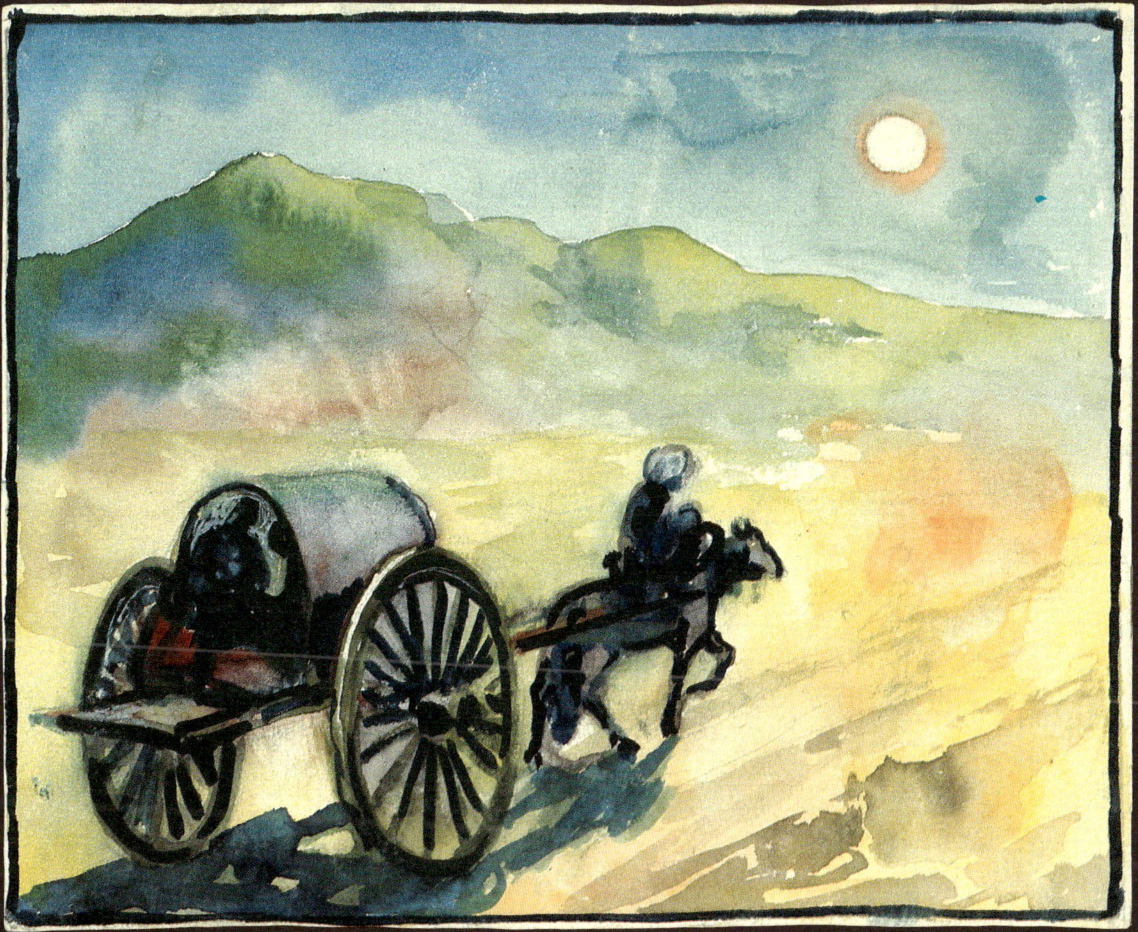

ARBA-FAHRT DURCH DIE WÜSTE
NACH SAMARKAND

„Von Samarkand aus fuhren die anderen Reisegefährten nach Moskau. Mich brachte die Eisenbahn durch die Wüste nach Aschchabad ans Kaspische Meer, da ich noch Baku aufsuchen wollte, die Stadt der großen Ölfelder Aserbaidshans."

Heinrich Vogeler

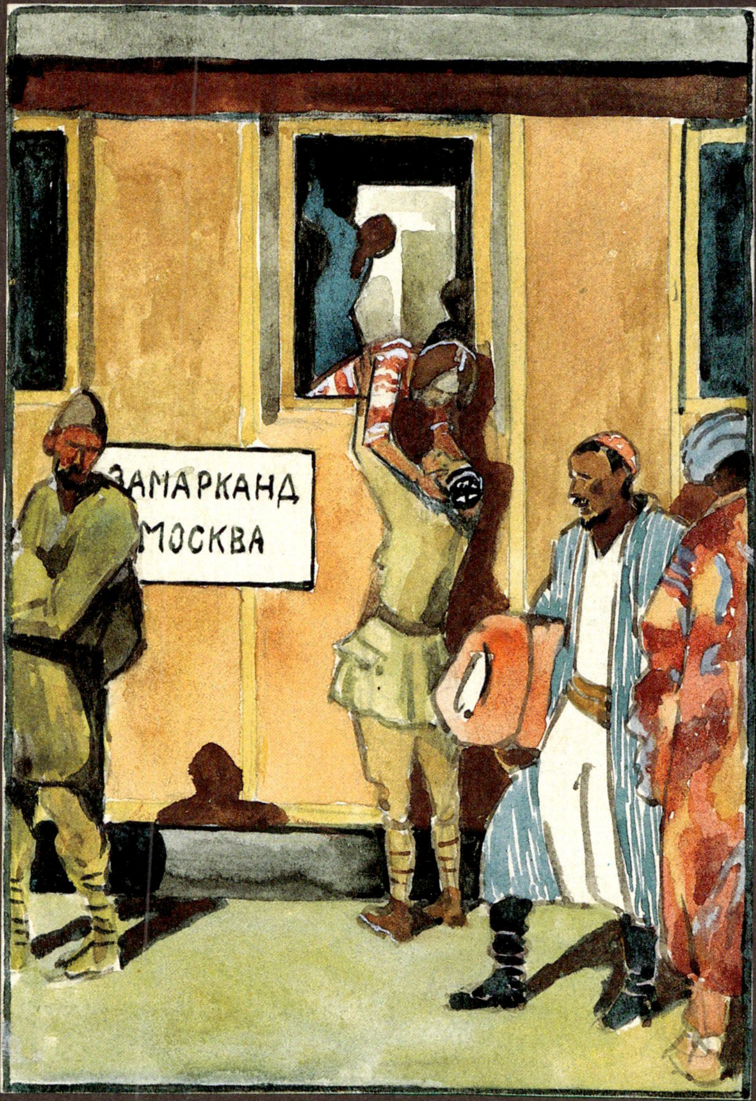

ABFAHRT VON SAMARKAND

„In Krasnowodsk wartete man auf den Dampfer nach Baku.
Zwei verwahrloste Jungen. Bisprisorniki . . .
Baku.
Als erste sprangen die Bisprisorniki über das Heck auf den Landungskai und verschwanden schnell in ihren flatternden Lumpen unter die Menge."

Heinrich Vogeler

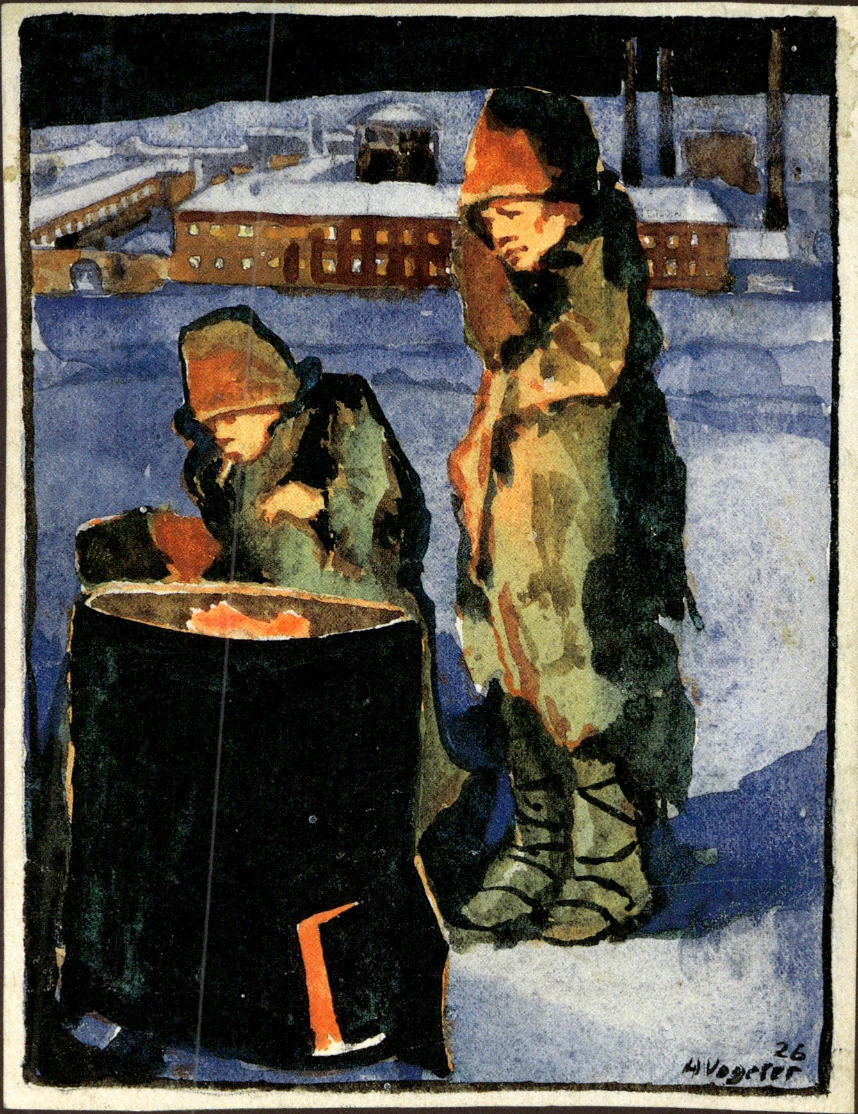
26
H.Vogeler

KAUKASUS
Juni – Juli 1932

Mitte Juni 1932 tritt Heinrich Vogeler in Kislowodsk im Nordkaukasus einen vierwöchigen Kuraufenthalt in einem Sanatorium an. Vogelers Tätigkeit beim Unionskomitee für die Standardisierung des Bauens (WKS), Gruppe landwirtschaftliches Bauen, lief aus, weil die industriellen Voraussetzungen für ein normiertes Bauen fehlten. Der Sanatoriumsaufenthalt war ihm als „Urdanik" (Verdienter Arbeiter) für seine bisherige Tätigkeit zugesprochen worden. Das Jahr 1932 hatte ihn sicherlich stark gefordert. Neben seinem schriftstellerischen Wirken für die „Moskauer Rundschau" und „Fontana Martina" (Schweiz) begann seine Mitarbeit im Internationalen Büro Revolutionärer Künstler (IBRK), und er mußte seine Personalausstellung im Museum der neuen westlichen Kunst in Moskau (Febr.) einrichten. Folgt man der Datierung des Künstlers, dann entstanden die nachstehenden Arbeiten während seines Kuraufenthaltes.

Zum Abschluß der vier Wochen schreibt der Künstler nach Deutschland:

„Liebe Henny (. . .) Augenblicklich habe ich eine Prämie – einen vierwöchigen Aufenthalt, Pflege, Ärzte, Bäder, im Kaukasus, habe es sehr gut. Hier sind jeden Monat ca. 40 000 Arbeiter zur Pflege und Erholung, und derartige Stätten gibt es Hunderte, sowohl im Süden wie auch bei allen großen Städten S.S.R.s. Morgen reise ich zurück nach Moskau an die Arbeit. Euch allen herzliche Grüße.

Heinrich".

Das Moskauer Klima, vor allem im Winter, bekam Vogeler schlecht, wie er in Briefen nach Deutschland bekannte. Auch gebot ihm sein Blasenleiden möglichst oft den sonnigen Süden der Sowjetunion aufzusuchen. Weitere Kur- und Urlaubsaufenthalte: Dezember 1934 bis Januar 1935 wiederum in Kislowodsk; 1935: Sotschi-Mazesta am Schwarzen Meer; 1939: Mardikan am Kaspischen Meer; 1941: nach dem Anlaufen seiner Personalausstellung in Moskau zu seinem 50. Berufsjubiläum im Erholungsheim des Bolschoi-Theaters in Tarusa an der Oka, wo ihn der Angriff der deutschen Armeen überraschte und alle Zukunftserwartungen zunichte machte: große Aufträge für die für 1942 geplante Ausstellung „Unsere Heimat" und den sehnlich erwarteten Einzug in ein geplantes Atelierhaus in Moskau.

Kaukasische Hirten . . .

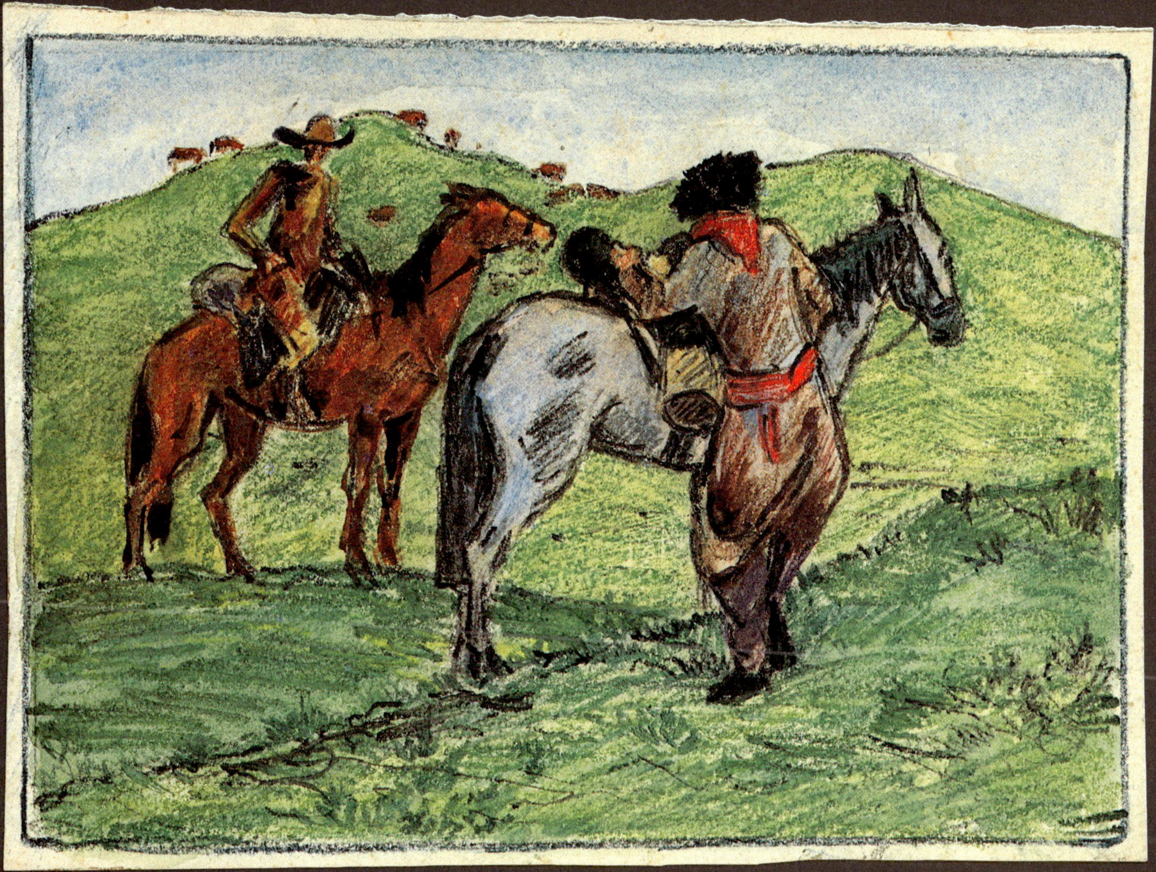

KAUKASUS 1932

. . . in den Bergen bei Kislowodsk.

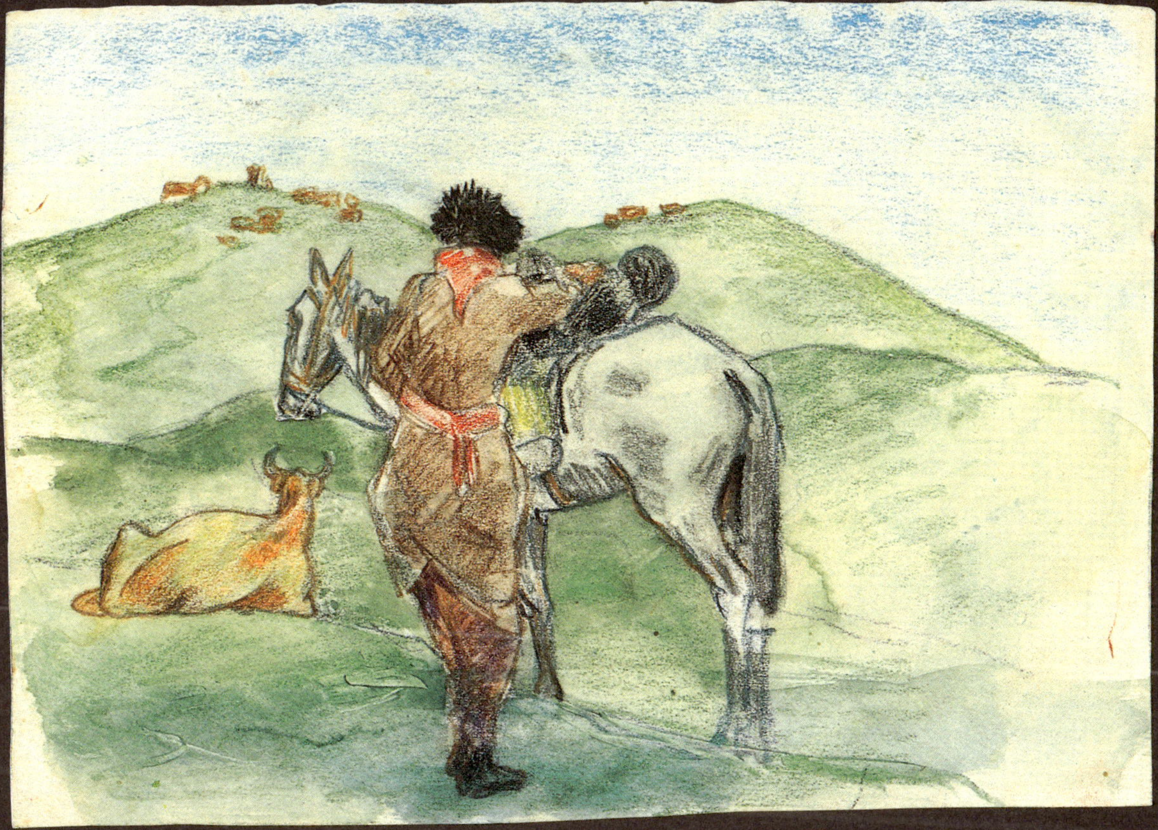

„Vielleicht geht es anderen Menschen wie mir: man stößt auf einen Menschen, dessen Antlitz vom Lebenskampf anders gezeichnet ist als bei den Menschen seiner Umgebung.
Man möchte forschen: wo sind die Momente im Leben dieses Mannes oder jener Frau, da sich die vermeindliche Spannung löst, das Antlitz bewegt und frei wird und das Auge zu strahlen beginnt . . .“

Heinrich Vogeler

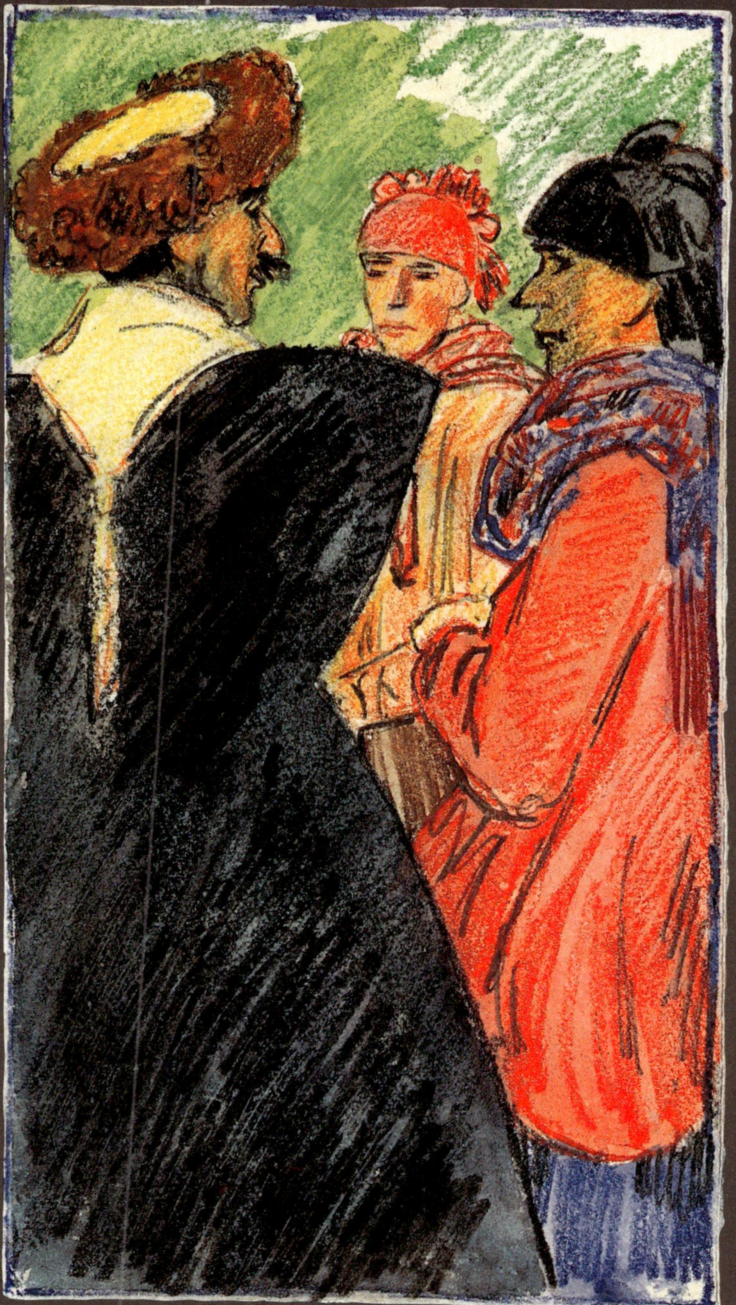

Kislawodck
1932

„Mit besonderer Freude vertiefte er sich in ein menschliches Antlitz, spürte den darin ablesbaren Fähigkeiten nach, der Klugheit und Entschlossenheit, wie sie das Gesicht eines Stachanowarbeiters oder eines Ingenieurs und vieler anderer Menschen auszeichnete."

Zofia Marchlewska

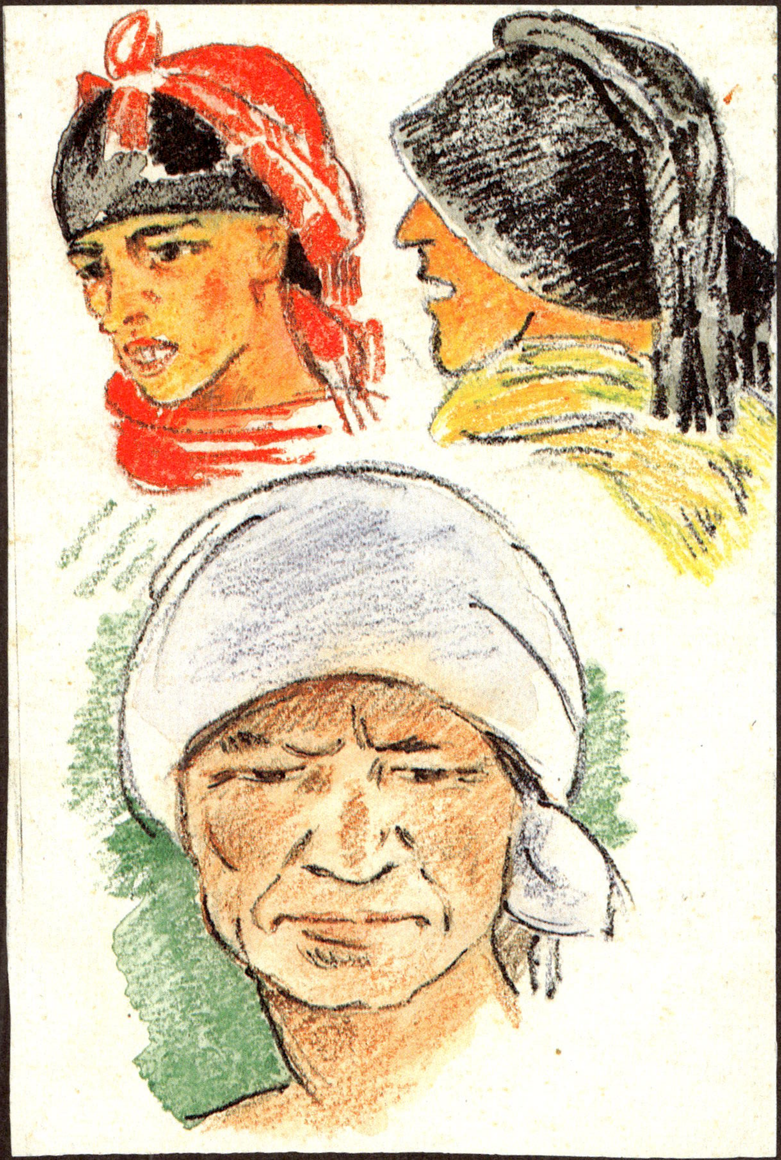

KAUKASUS

KARELIEN

März – Juni (?) 1934
Sommer – Herbst 1936

Vogeler bereiste Karelien – das ihn stets an seine norddeutsche Heimat erinnerte – schon im Jahr 1925 (Ende Juni bis September) und im Jahr 1933 (Sommer bis Septemberanfang).
1934 bricht der Künstler im März zu seiner dritten Reise auf, die ihn erstmals im Winter bis zum Polarkreis an das Weiße Meer hinaufführt. Vorher weilte er an Orten, die er schon 1925 besucht hatte. Für das Staatliche Karelische Landeskundemuseum entstehen Aquarelle und Zeichnungen.
1936 weilt Vogeler abermals – im Auftrag des Ausstellungskomitees „Industrie des Sozialismus" – in der Karelischen ASSR. Im Foyer des Petrosawodsker Kulturhauses findet eine Personalausstellung Vogelers statt. Es werden über hundert Arbeiten präsentiert, die er auf seinen Streifzügen durch Karelien geschaffen hat.

„Zum Treffen mit dem Künstler hatten sich viele Bewohner der Stadt versammelt . . .
Auf die Bühne trat ein hagerer Mensch mit ergrautem Haupt. Bekleidet war er mit einem bescheidenen Anzug von dunkelgrauer Farbe. Aber seine Augen glänzten jung, in ihnen kam ein lebensfroher Charakter zum Ausdruck.
Seine Sprechweise war ungewöhnlich temperamentvoll. Zuweilen schien es, als ob eine brodelnde Energie sein ganzes Wesen erfüllte. Er sprach klar und eingänglich über die Rolle der Kunst in der modernen Welt, über die internationale Pflicht der Kunstschaffenden, über die Verbindung der Kunst mit dem Leben. Gerade dies bewegte damals auch die sowjetischen Künstler.
Offen und aufrichtig erzählte er den Versammelten von seinen Gedanken und

Hoffnungen, von seinen schöpferischen Interessen und Bestrebungen.
Er teilte seine Absicht mit, in seinen Werken die schöpferische Arbeit der sowjetischen Menschen zu zeigen, sein Streben, durch Arbeit den Reichtum der sowjetischen Heimat zu mehren und bat, ihm Hinweise für die Reiseroute zu geben."[8])

„Eine karelische Bauernstube ist niedrig, aber sehr groß . . . man schläft auf den breiten Bänken und auf dem Fußboden, die ehrwürdigen Alten haben ihren Platz auf dem mächtigen Ofen.“

Heinrich Vogeler

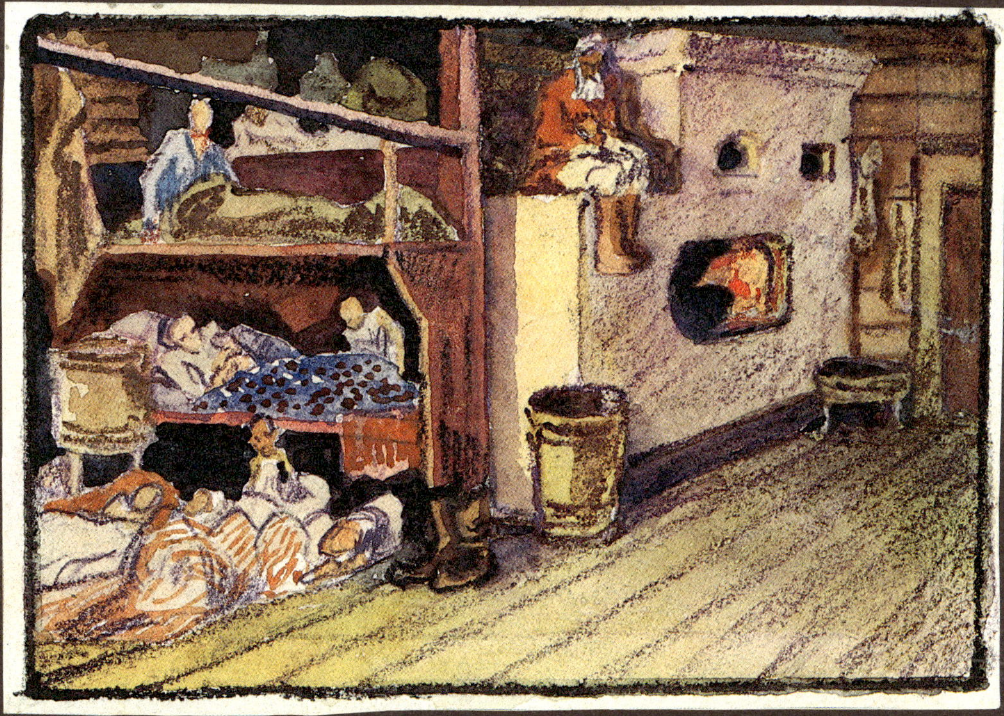

Karelien 1934

Gerissener Elch am Wege.

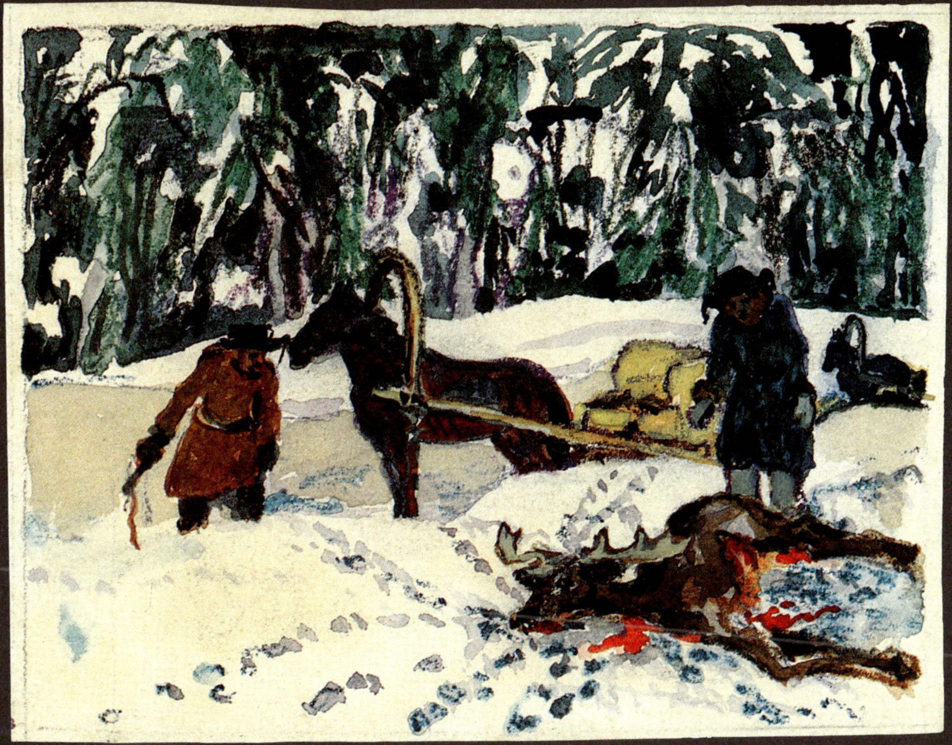

Karelien 1934

„Aber für Vogeler war es selbstverständlich, daß er mit den Menschen lebte, die den Inhalt seiner Kunst bildeten. Nur Kopfschütteln konnten ihm die Künstler abgewinnen, die fern vom Zeitgeschehen in ihre vier Wände eingeschlossen, sich abstrakten Kunstkonstruktionen hingaben."

Zofia Marchlewska

Лаваш
(Brotbereitung)

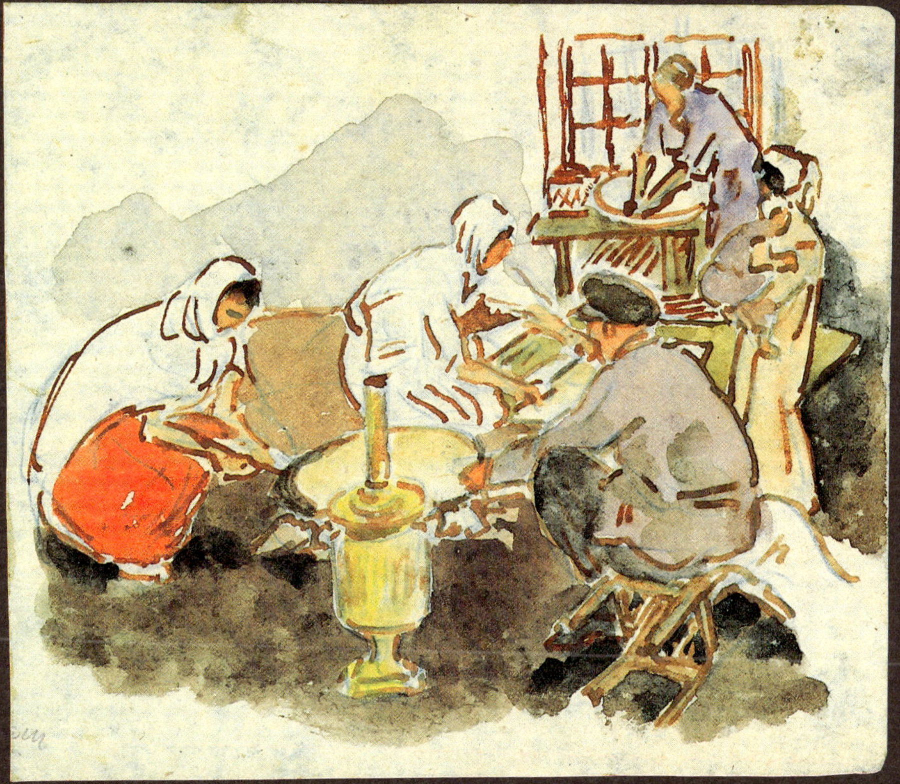

„Frühling . . .
Die Wege im Innern des Landes werden ungangbar.
In den Sümpfen hört man es quellen, gurgeln und saugen.
. . . die breiten Holzbahnen für Fußgänger in freiwilliger Arbeit erneuert.“
Heinrich Vogeler

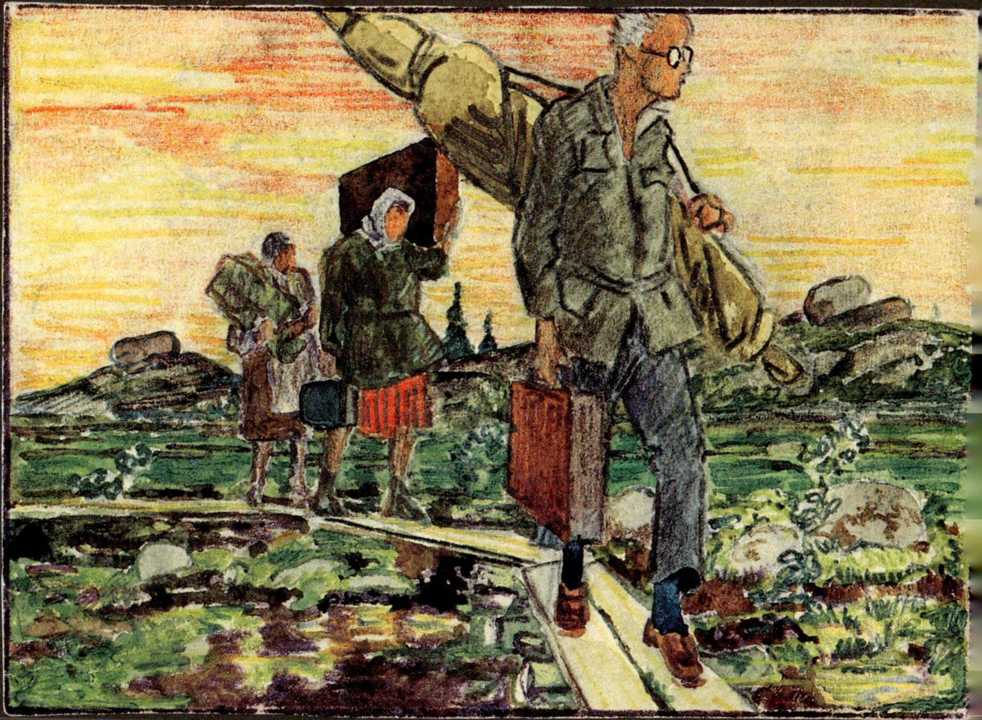

Karelien 193[illegible]

„Das Arbeiten auf der Insel ist nicht sehr bequem, da ich keinen eigenen Raum habe und lange Strecken meine großen Sachen, Staffelei, großes Bild und Malkasten, schleppen muß und am Ort alles mit Stricken gegen den Wind verankern muß."

Heinrich Vogeler

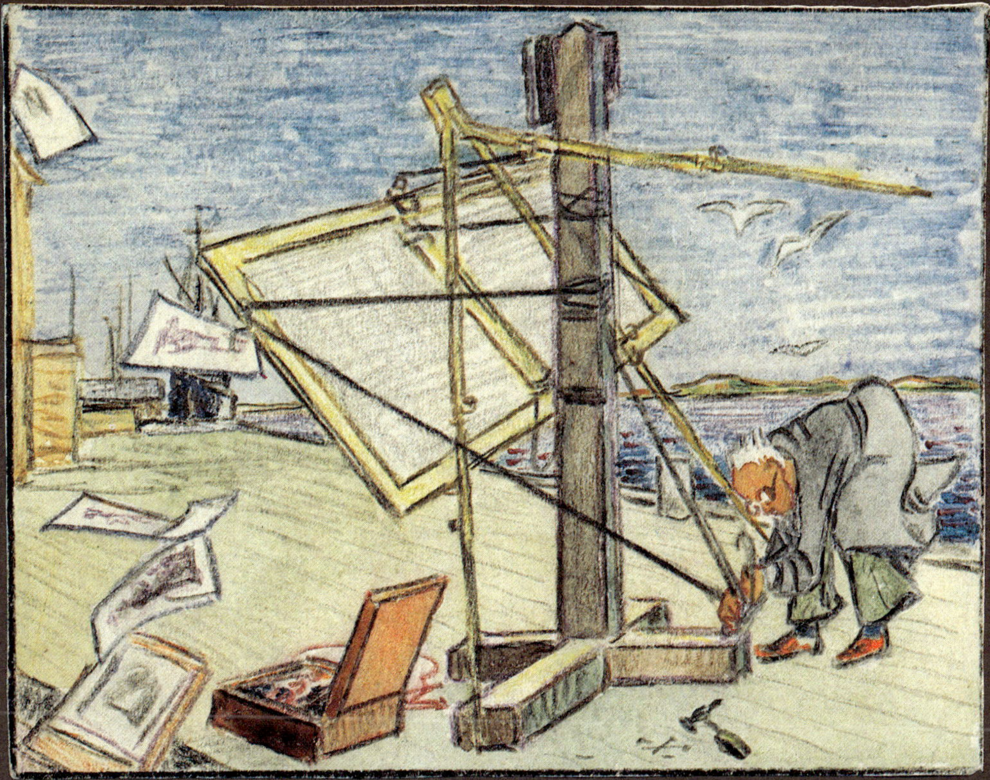

Karelien 1936

Hier leben auch Künstler gefährlich!
Staffelei und Malkasten blieben an Bord.

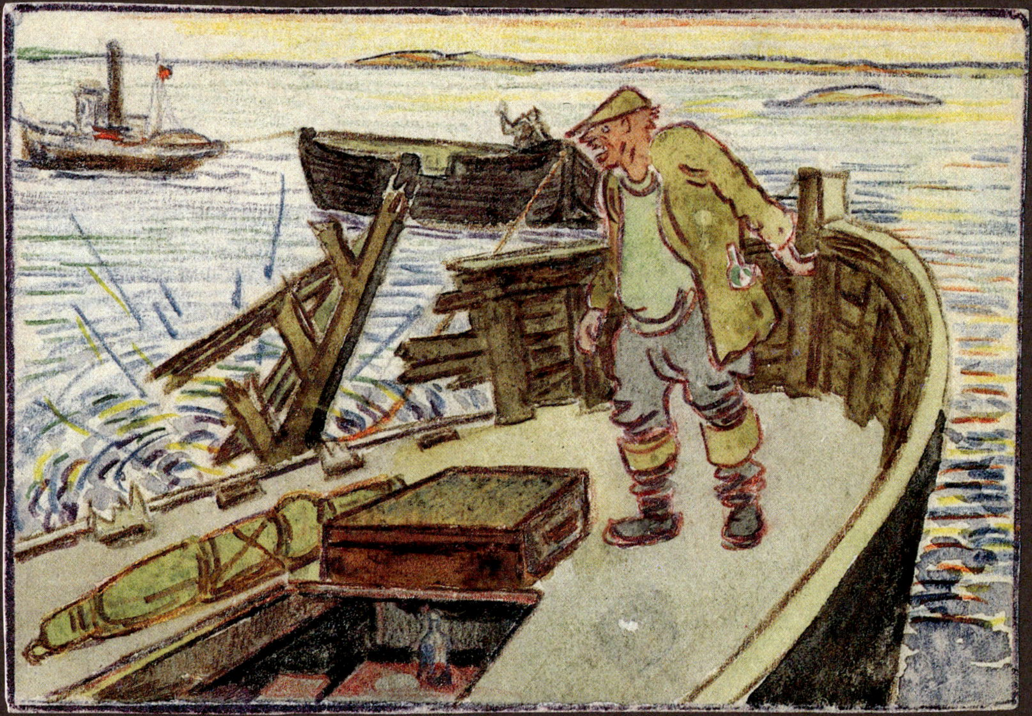

Karelien 1936

ASERBAIDSCHAN
Ende Mai – August 1939
Aserbaidschanische SSR
Autonomes Gebiet Karabach

Reise im Auftrag des „Museum der Völker der UdSSR", Moskau.
Dienstreisebescheinigung Nr. 125 vom 9. Mai 1939:
„Der Überbringer dieser Bescheinigung, der Kunstmaler Heinrich Eduardowitsch Vogeler, begibt sich in die Aserbaidschanische SSR mit einer Expedition des Museums der Völker der UdSSR zu dem Zweck, Material zu sammeln, welches die Geschichte der großen sozialistischen Oktoberrevolution, des Bürgerkrieges und des sozialistischen Aufbaus in der Aserbaidschanischen SSR wiedergibt. (. . .)
Das Museum der Völker der UdSSR wendet sich an alle Sowjetinstanzen und gesellschaftlichen Organisationen mit der Bitte, dem Künstler jegliche Unterstützung bei der Erfüllung der ihm übertragenen Aufgaben zu erweisen."
Anreise mit der Bahn von Moskau nach Kirowabad. Abstecher (15 km) zum Baumwoll-Kolchos „Lenin" (4. – 9. Juni) und zu einem Barytbergwerk (55 km).
Künstlerische Arbeit in Industriebetrieben Kirowabads und im deutschen Kolchos Helenendorf. Aufenthalt im Autonomen Armenischen Gebiet Karabach, in der Kreishauptstadt Stepanakert, in Schuscha, im Staatsgut Lyssogorsk. Im Gebiet der Kurden: Hauptstadt Latschin, Korakeschisch, Kolchos Kaganowitsch. – Zurück über Stapanakert, Kirowabad, Baku, Mardikan (Urlaubsaufenthalt) nach Moskau.
„Aber auch als Landschaftsmaler hatte Vogeler in den letzten Jahren große Erfolge. Mit feinem künstlerischen Empfinden hat er die Besonderheiten der Natur von

Aserbaidschan und Karbadino-Balkarien dargestellt. Der neunundsechzigjährige ‚Alte' mit einer fünfzigjährigen Schaffenszeit als Maler ist immer noch am Wachsen. Er ist in der Kunst einer der jüngsten ‚Alten' und zeichnet sich als Mensch durch Gedankenreichtum, Aufrichtigkeit und Bescheidenheit aus."
(Erich Weinert.)

„In der Nacht wachte ich auf.
Der Freund lag auf der Totenbahre.
Hoch über uns wölbten sich die maurischen Spitzbogen der
mächtigen offenen Vorhalle einer Moschee . . .
Die ehemalige Moschee barg die Schätze des Museums der
aserbaidschanischen Stadt Kirowabad.
Man hatte uns dieses Quartier für die Nacht zur Verfügung gestellt,
weil alle Gasthöfe überfüllt waren.“
Heinrich Vogeler

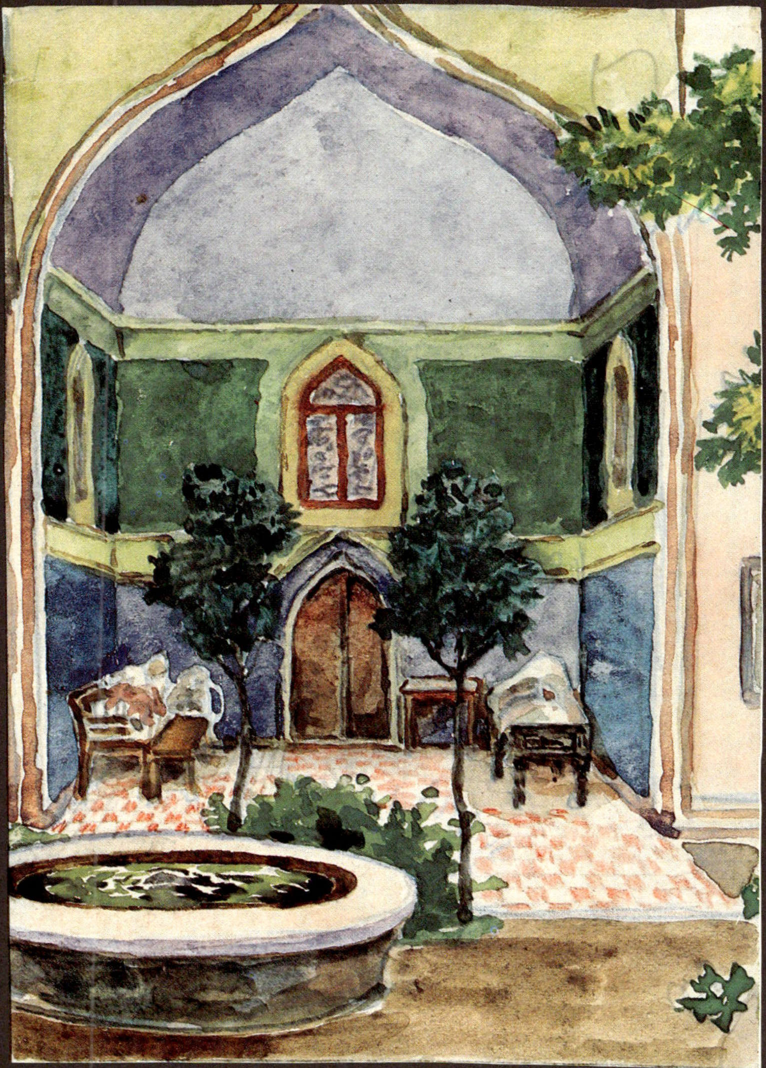

Aserbeidschan 1938

„Das Pferd kletterte wie eine Gemse:
wo es nur einen hufgroßen Halt fand, setzte es den Fuß auf und zog den Körper mit dem Reiter nach. – Gelegenheit zum Lenken hat man nicht; aber das, was der Reiter über Gewichtsverteilung beim Reiten gelernt hat, muß er hier gut verwerten, um dem Pferd die nötige Hilfe zu geben. . . . man sitzt auf dem Packsattel wie der Kunstreiter in der Manege.“

Heinrich Vogeler

Heimritt
aus dem
Эйлаг
(Kuhalm)

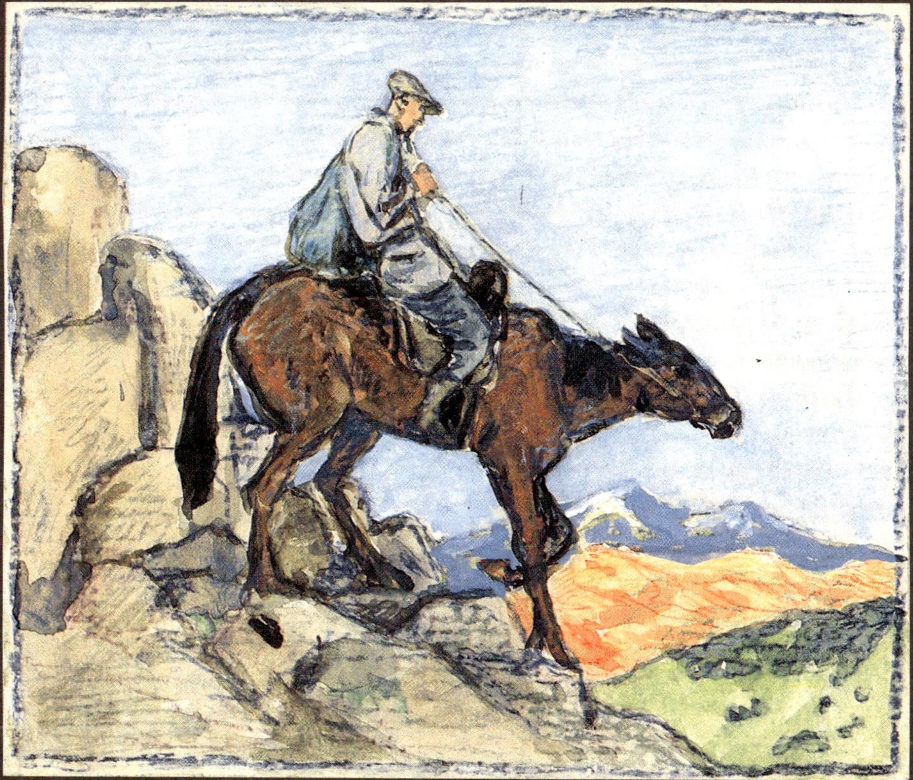

„Diese tatkräftigen großen Hirtenhunde haben ein langhaariges seidenes weißes oder gelbliches Fell und einen sehr schönen rassigen Körperbau.
Der gefürchtetste unter ihnen entdeckte mich immer bald, wenn ich am Vorberg saß und malte; dann stürmte er auf meinen Platz los und meldete sich, indem er mir seine breite Tatze auf den Arm oder auf die Schulter legte, und wir teilten unser Brot."
Heinrich Vogeler

Kurdische
Schafhirten
in
Karakeschisch

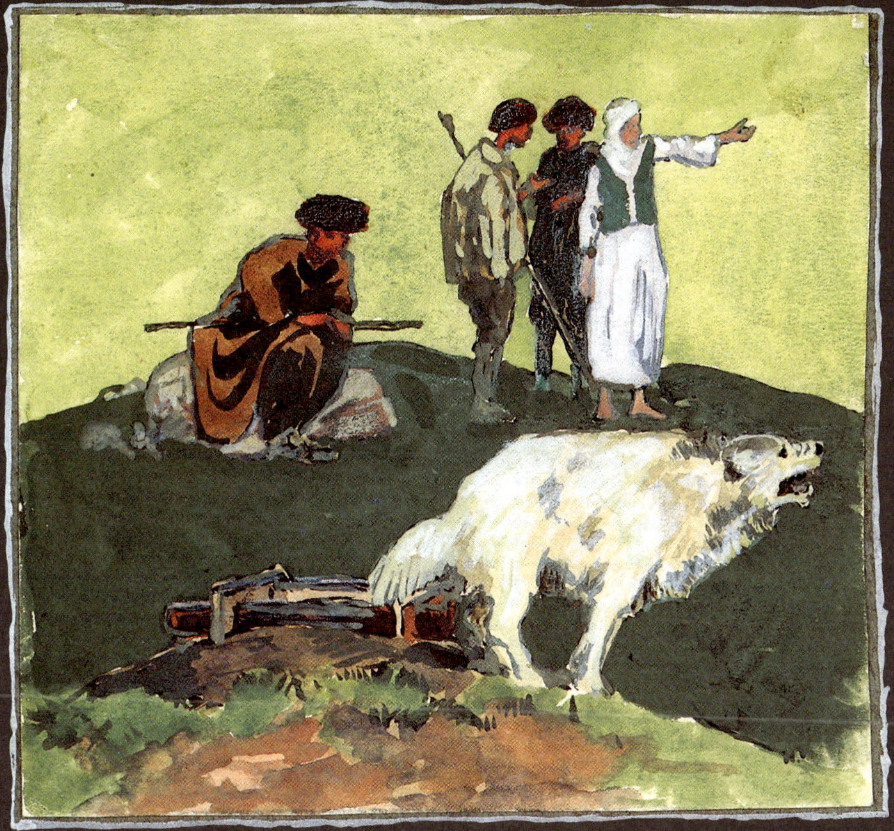

„Er arbeitete bis zuletzt. – Ich glaube nicht, daß es irgend jemanden gibt, der etwas Schlechtes über ihn sagen kann. Er war ein reiner Mensch. Wir nannten ihn den letzten Ritter. Er war ein edler Charakter, ein guter Freund."

Alexander Labas, Moskau, über Heinrich Vogeler.

Anmerkungen

[1]) Jan Vogeler. In Heinrich Vogeler. Malerei, Graphik, Buchkunst 1872–1942. Ausstellungs-Katalog. Akademie der Künste der DDR. Staatliche Museen zu ›Berlin 1972. S. 11.

[2]) Es handelte sich um den Fischerhuder Verleger Wolf-Dietmar Stock und seinen Partner Hans-Günther Pawelcik, die sich seit Jahren um Worpsweder Malerei und besonders um das Werk Heinrich Vogelers bemüht und verdient gemacht haben und denen für diesen guten ‚Tip' und andere Hinweise an dieser Stelle einmal herzlich gedankt sein soll.

[3]) Der Berliner Maler Robert Büchner, ein väterlicher Freund, der schon künstlerischer Berater und Vertrauter meines Vaters war.

[4]) Mining war Vogelers Spitzname seit der Düsseldorfer Akademiezeit. Für Vertraute blieb dieser Name bis an sein Lebensende eine liebevolle Anrede. Briefe an diese unterzeichnete Vogeler ebenfalls mit „Mining".

[5]) Brief von Lu Schmedemann vom 27. 10. 1926 an Heinrich Vogeler, Moskau. Unveröffentlicht. Archiv Hohmann, Wallenhorst.

[6]) Zofia Marchlewska. Eine Welle im Meer. Erinnerungen an Heinrich Vogeler und Zeitgenossen. Berlin 1968. S. 72.

[7]) Brief von Heinrich Vogeler aus Kislowodsk, Poststempel v. 12. 7. 32, an Henny Walther. Zit. n. Heinrich Vogeler. Werden. Erinnerungen. Neu herausgegeben von Joachim Priewe und Paul Gerhard Wenzlaff. Berlin u. Fischerhude 1989. S. 431.

[8]) Erinnerungsbericht über ein Treffen mit Heinrich Vogeler in Petrowodsk während der ersten Karelienreise Vogelers von dem sowjetischen Künstler W. Agapow: Begegnung mit einem großen Künstler. In: Leninskaja Prawda. Petrowodsk. Nr. 289 (16717) v. 11. Dez. 1975.

Prof. Dr. Jan Vogeler, Moskau, emeritierter ordentlicher Professor der Philosophie an der Lomonossow-Universität, schildert in seinem Grußwort, was ihn und seinen Vater mit dem Reiseskizzen-Album verband. Für diesen freimütigen Textbeitrag, der zum Verständnis der vorliegenden Arbeiten und des Künstlers beiträgt, für freundliche Hinweise, Information und alle guten Wünsche, ganz besonderen Dank.

Werner Hohmann
Die Zwischentexte und die Auswahl der Bildzitate erfolgten durch den Kunsthistoriker Werner Hohmann M.A., der ein profunder Kenner von Vogelers Werk und Wirken in der Sowjetunion ist. Ihm sind wesentliche Ergebnisse der Vogelerforschung zu verdanken.

Wolfgang Kaufmann
Den Exkurs über Sammelleidenschaft brachte der Kunstwissenschaftler Dr. Wolfgang Kaufmann ein, der Vogelers „Reiseskizzen-Album“ Ende 1990 für seine Sammlung „Die alten Worpsweder Meister“ erwarb und im ‚Kunsthaus in Stade‘ der Öffentlichkeit zugängig machte.